EDUARD REESER

EIN AUGSBURGER MUSIKER IN PARIS:
JOHANN GOTTFRIED ECKARD

EDUARD REESER

Ein Augsburger Musiker in Paris: Johann Gottfried Eckard (1735 – 1809)

Herausgegeben
von der Deutschen Mozart-Gesellschaft

EIGENVERLAG

Mit freundlicher Unterstützung
der Alt-Augsburg Gesellschaft
und privater Spender

Printed in Germany
© 1984 by Prof. Dr. Eduard Reeser,
Deutsche Mozart-Gesellschaft e.V.,
Sitz Augsburg
Satz und Druck Hofmann-Druck KG
Lithographien Gartner
Buchbinderische Verarbeitung Thomas-Buchbinderei
Alle Augsburg

INHALT

VORWORT

Johann Gottfried Eckard würde vermutlich ungläubig gelächelt haben, wenn ihm jemand im November 1763 – als er in Paris den siebenjährigen Wolfgang Mozart kennen lernte – prophezeit hätte, daß ein Jahrhundert nach seinem Tode sein Name im Zusammenhang mit gerade diesem Knaben ›unsterblich‹ werden würde. Eine solche Voraussage hätte jedoch genau den Tatsachen entsprochen. Im Jahre 1909 nämlich gaben die Mozartforscher Théodore de Wyzewa und Georges de Saint-Foix bekannt, daß die Klavierkonzerte KV 37, 39, 40 und 41, die Otto Jahn und Ludwig von Köchel noch für eigene Kompositionen des jungen Mozart gehalten hatten, in Wirklichkeit Bearbeitungen von Sonatensätzen darstellen, die fast ausschließlich von in Paris wohnhaften deutschen Komponisten stammen, und daß einer dieser Sätze, der als Vorlage für das Andante aus dem Konzert KV 40 gedient hat, von Johann Gottfried Eckard komponiert worden ist. Außerdem wiesen sie 1912 darauf hin, daß eine Schlußphrase aus dem ersten Satz von Mozarts Klavier-Violin-Sonate KV 6 deutlich übereinstimmt mit einer ähnlichen Episode im Finale von Eckards Klaviersonate Op. 1 Nr. 1, die Mozart nicht unbekannt geblieben sein dürfte.

Dennoch waren De Wyzewa und De Saint-Foix der Meinung, daß ein eventueller Einfluß von Eckard auf Mozart hintanzusetzen sei im Vergleich mit dem Komponisten, den sie als das wirkliche Vorbild für den Knaben während seines ersten Pariser Aufenthaltes betrachteten: Johann Schobert, von dem Hugo Riemann ebenfalls 1909 ausgewählte Werke herausgab. Auch Hans Th. David hat in seiner Berliner Dissertation über Johann Schobert als Sonatenkomponist (1928) diesen Meister als den wichtigsten unter den Pariser Zeitgenossen Mozarts hervorgehoben; immerhin hat er sich erstmals bemüht, den biographischen Quellen nachzuspüren, aus denen die Bedeutung Eckards als Klaviervirtuose und -komponist dargestellt werden kann. Die Lektüre dieser in gedrängter Form unglaublich reichhaltigen Monographie hat mich zehn Jahre später auf die Spuren Eckards gesetzt, als ich meine Utrechter Dissertation über die Pariser Klaviersonate mit Violinbegleitung vorbereitete; als ich

1938 im British Museum zum erstenmal die Sonaten Op. I zu Gesicht bekam, war ich sogleich fasziniert von der Originalität dieser Tonsprache. (Namentlich die dritte Sonate hatte es mir angetan.) Die Dissertation gab mir Gelegenheit, in einem besonderen Kapitel Eckards Pionierarbeit zugunsten des Pianoforte in Paris zu beleuchten und mit einigen charakteristischen Musikbeispielen zu verdeutlichen.

Während der nachfolgenden Jahre habe ich mich wiederholt mit Eckard beschäftigt: 1949 konnte ich einen zusammenfassenden Artikel über ihn in der *Tijdschrift voor Muziekwetenschap* publizieren, 1962 in der Festschrift für Anthony van Hoboken den Nachlaß Eckards veröffentlichen, wiederum in niederländischer Sprache. Inzwischen hatte ich 1954 in der MGG Eckard einen Artikel widmen können und 1956 eine Gesamtausgabe seiner Klavierwerke ediert.

Das Lückenhafte aber, das mich nachträglich von diesen verschiedenen Publikationen Abstand nehmen ließ, hat mich immer mehr gestört, und als ich dann unlängst ein handschriftliches Notenbuch in der Pariser Bibliothèque Nationale als ein Eckard-Autograph glaubte identifizieren zu können, kam das Verlangen auf, meine bisherigen Eckardstudien zu überarbeiten und zu vervollständigen und sie als eine geschlossene Monographie in deutscher Sprache einem größeren Leserkreis zugänglich zu machen, als mir früher möglich war.

Ich bin dem Vorstand der Deutschen Mozart-Gesellschaft, und namentlich seinem Präsidenten Prof. Dr. Erich Valentin, dankbar, daß mir dazu die Gelegenheit geboten worden ist, und daß man bereit war, meine Arbeit in die hübsche Buchreihe der Gesellschaft aufzunehmen. Daß ich mich dabei genötigt sah, die musiktheoretischen und musikhistorischen Voraussetzungen etwas ausführlicher zu erörtern als für den Fachmann notwendig gewesen wäre, habe ich gerne in Kauf genommen.

So bleibt mir nur noch eines zu wünschen übrig: daß weitere Forschungen noch unbekannte Lebensspuren dieses merkwürdigen Künstlers ans Licht bringen werden.

Bilthoven (Holland), Weihnachten 1983.

EDUARD REESER

DIE BIOGRAPHISCHE ÜBERLIEFERUNG

Als Leopold Mozart im November 1763 mit seiner Familie in Paris ankam, wo er mit Nannerl und Wolfgang als musikalischen Wunderkindern Ruhm und Geld zu erwerben hoffte, war der erste Musiker, dem er dort begegnete, „Mr. Eckard, virtueux de clavessin", wie er in seinem Reisetagebuch aufzeichnete.[1] Das war gewiß kein Zufall: als Leopold im Frühsommer in Augsburg den Orgel- und Klavierbauer Johann Andreas Stein aufsuchte, um sich ein Reiseclavichord zu kaufen, wird dieser ihm Eckard nachdrücklich empfohlen haben, hatte er ihn doch selbst 1758 nach Paris mitgenommen.

Weder er noch Leopold konnten damals wissen, daß diese Reise in den handschriftlichen Aufzeichnungen des Orgelbauers Johann Andreas Silbermann in Straßburg dokumentiert worden ist:

„1758. d. 19. Oktober, kam H. Stein der sich indessen in Augsburg niedergelassen zu uns, brachte einen zwanzigjährigen Menschen namens Eckert mit sich, welcher vortrefflich das Clavier spielte. Er zeigte uns auch sehr schöne von ihm gemalte Miniaturstücke, in Pastell soll er ebenso stark seyn. Er ist willens nach Paris zu reyssen und wusste nicht, ob er daselbst Profession vom Mahlen und Clavierspielen machen will. Er hat aber das letztere erwählt und sich daselbst einen grossen Nahmen gemacht."[2]

Leopold Mozart hat – wie aus seinem Brief vom 1. Februar 1764 an die Frau seines Freundes Lorenz Hagenauer in Salzburg hervorgeht – von Eckards Persönlichkeit einen vorteilhaften Eindruck bekommen; über dessen etwa gleichaltrigen Rivalen Johann Schobert dagegen, der sich ebenfalls um 1760 in Paris angesiedelt hatte (er stammte aus Schlesien), hat er sich sehr abfällig geäußert:

„Mein Mädel spielt die schweresten Stücke die wir itzt von Schoberth und Eckard etc. haben, darunter die Eckardischen Stücke noch die schwerern sind, mit einer unglaublichen Deutlichkeit, und so, daß der *niedertrechtige Schobert seine Eyfer-*

sucht und seinen Neid nicht bergen kann, und sich bey Mr. Ek-kard, der ein ehrlicher Mann ist, und bey vielen Leuten zum Ge-lächter macht. Ich werde ihnen viele umstände, die hier zu lang wären, mit mehrerem erzehlen. Mr: Schoberth ist gar nicht der-jenige, der er seyn soll. Er schmeichelt ins Gesicht, und ist der fälscheste Mensch; Seine Religion aber ist nach der Mode. Gott bekehre ihn."[3]

Es ist fraglich, ob man Leopolds Urteil über Menschen unbe-dingt trauen darf. Er pflegte sich in dieser Hinsicht recht un-nüanciert auszudrücken. (Auch sein Sohn hatte übrigens die Neigung, Menschen, mit denen er in Berührung kam, entweder in den Himmel zu heben oder zu verdammen.) Eher sollte man Jean-Benjamin de La Borde Glauben schenken, der in seinem *Essai sur la Musique ancienne et moderne* (1780) mit großem Re-spekt über Schobert spricht, „dont les mœurs étaient aussi dou-ces et aussi simples que son talent était extra ordinaire."[4]

Zweifellos war Leopold beeinflußt von seinem Pariser Gön-ner Friedrich Melchior Grimm, – „dieser mein großer Freund, von dem ich hier alles habe, [...] ein gelehrter Mann und ein gro-ßer Menschenfreund."[5] Grimm (1723 – 1807), ein gebürtiger Re-gensburger, Schüler von Gottsched in Leipzig, lebte seit 1749 in Paris, wo er sich alsbald den Enzyklopädisten angeschlossen hatte und sich namentlich mit Diderot und Rousseau anfreun-dete. Anfänglich ein Bewunderer Rameau's, dessen ›Tragédie lyrique‹ er in seiner *Lettre sur Omphale de Destouches* (1752) auf Kosten der von Lully geprägten klassischen französischen Oper verherrlicht hatte, ließ er sich im selben Jahr von der ita-lienischen ›Opera buffa‹ (Pergolesi) mitreißen, die damals in Pa-ris eine Revolution in der öffentlichen musikalischen Meinung verursachte. In einem satirischen Pamphlet mit dem rätselhaft anmutenden Titel *Le petit Prophète de Boemischbroda* – viel-leicht eine Anspielung auf den böhmischen Komponisten Jo-hann Stamitz, der 1751 als Sinfoniker in Paris große Aufmerk-samkeit erregt hatte – zog Grimm die ganze französische Mu-sik, Rameau inbegriffen, ins Lächerliche. Zwar richtete er seine Angriffe ausschließlich auf die Oper, doch gerade diese Kunst-form galt in Frankreich als das eigentliche Herzstück der natio-nalen Musik; für die Instrumentalmusik zeigten Grimm und seine Zeitgenossen nur am Rande Interesse. Das ist auch be-merkbar in der berühmten *Correspondance littéraire, philoso-phique et critique adressée à un souverain d'Allemagne* (den

Herzog von Sachsen-Gotha), einer nur handschriftlich in wenigen Exemplaren verbreiteten ›Zeitschrift‹, die von 1749 bis 1790 existiert hat und seit 1753 hauptsächlich von Grimm redigiert wurde, worin alle möglichen Geschehnisse aus dem täglichen Leben in Frankreich erwähnt und kritisiert wurden. Auf dem Gebiet der Musik wurde das Konzertleben im Vergleich zur Oper mit nur geringer Aufmerksamkeit behandelt; nichtsdestoweniger ist die *Correspondance* auch in dieser Hinsicht eine unentbehrliche musikhistorische Quelle, wobei man Grimms unverhüllte anti-französische Gesinnung in Kauf nehmen muß.

Im Dezember 1765 enthielt die *Correspondance* einen Bericht über die damaligen Pariser Klavieristen, namentlich die deutschen Emigranten, die sich ebenso wie Eckard und Schobert um 1760 in der französischen Hauptstadt niedergelassen hatten. Ihre Namen erscheinen auch in dem Reisetagebuch Leopold Mozarts (u.a. Leontzi Honauer und Hermann Friedrich Raupach). Für Grimm ist Eckard „le plus fort de tous. Il a du génie, les plus belles idées, avec un jeu plein de sensibilité et d'une légèreté surprenante."[6]

Auch anläßlich des Todes von Schobert – er starb unter tagelangen grausamen Qualen zusammen mit seiner Frau, einem seiner beiden Kinder, drei Freunden, darunter ein Arzt, und einem Bediensteten an einer Vergiftung durch Pilze, die er selbst während eines Ausflugs am 25. August 1767 in St.-Germain-en-Laye gesammelt hatte – konnte Grimm seine größere Bewunderung für Eckard nicht unterdrücken:

„Il n'avait pas autant de génie que notre Eckard, qui reste toujours le premier maître de Paris; mais Schobert avait plus d'admirateurs qu'Eckard, parcequ'il était toujours agréable et qu'il n'est pas donné à tout le monde de sentir l'allure du génie. Les compositions de Schobert étaient charmantes. Il n'avait pas les idées précieuses de son émule [Eckard], mais il connaissait supérieurement les effets et la magie de l'harmonie, et il écrivait avec une grande facilité, tandis que Mr. Eckard ne fait que difficilement les choses de génie. C'est que ce dernier ne se pardonne rien, et que Schobert était en tout d'un caractère plus facile."[7]

Auch andere Pariser Zeitgenossen haben sich über Eckard vorteilhaft geäußert. So ist er von Jean-Benjamin de La Borde in dessen schon erwähntem *Essai sur la musique ancienne et moderne* wie folgt charakterisiert worden:

„Eckard (M), Professeur de clavecin, d'une grande réputation, bon peintre en miniature, est un des premiers qui ait introduit en France l'usage de faire travailler en batteries les basses dans les pieces de clavecin, usage inventé en Italie par le célèbre *Alberti*, et qui fait quelquefois plaisir, lorsque le chant l'exige, mais qui devient insipide quand on l'emploie sans cesse, ainsi qu'on le fait aujourd'hui. M. Eckard a le jeu le plus brillant et le plus agréable. Il excelle surtout à préluder pendant des heures entières, qu'il trouve moyen de faire passer comme des momens pour ceux qui l'écoutent."[8]

Und in den *Tablettes de Renommée des Musiciens* von 1785 ist Eckard erwähnt als „célèbre Claveciniste, a fait plusieurs pieces détachées pour les Instrumens, d'un genre savant et digne des plus grands Maîtres."[9]

Diese „pièces détachées" sind immerhin *Six Sonates pour le Clavecin Œuvre I, Deux Sonates pour le Clavecin ou le Piano Forte Œuvre II* und *Menuet d'Exaudet avec des Variations pour le Clavecin*, alle vom Komponisten selbst herausgegeben und zum Kauf angeboten „chez l'auteur, rue St. Honoré, près celle des Frondeurs, maison de M. Le Noir, Notaire, et aux adresses ordinaires de musique", wie auf den Titelblättern angegeben ist (Abb. 2 – 4). Die sechs Sonaten Op. I sind im Mai 1763 erschienen, die zwei Sonaten Op. II im Herbst 1764 und das *Menuet d'Exaudet* im Januar desselben Jahres. Opus I ist dem damals sehr gefeierten Violinvirtuosen und Komponisten Pierre Gaviniès (1728 – 1800) gewidmet, und zwar mit folgenden Worten:

„Monsieur. L'amitié qui nous unit ne me permet pas d'offrir mon premier ouvrage à un autre qu'à vous. Je vous prie d'agréer ce témoignage des sentimens avec lesquels j'ai l'honneur d'être, Monsieur, votre très humble et très obéissant serviteur

J. G. Eckard."

Außerdem enthält diese Ausgabe ein „Avertissement", worin der Komponist mitteilt, daß er seine Sonaten nicht ausschließlich für das Clavecin, sondern auch für das Clavichord und das Pianoforte bestimmt habe, – in der damaligen Pariser Musikpraxis ein absolutes Novum.

Dagegen hat Eckard sich mit seinen Variationen über ein bis ins 19. Jahrhundert hinein außerordentlich populär gebliebenes *Menuet* von André-Joseph Exaudet in eine ganze Reihe von Be-

12

Abb. 1

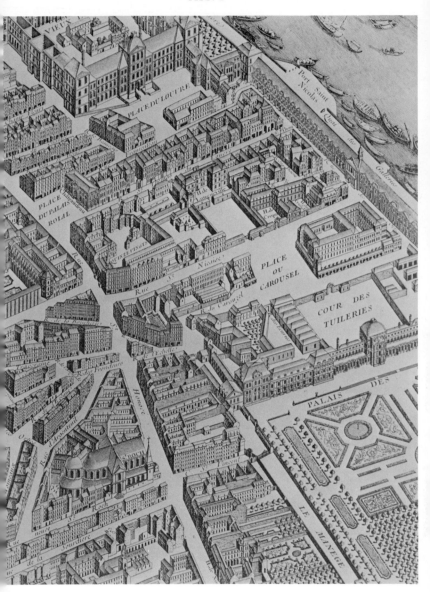

Abb. 2

SIX SONATES

POUR LE CLAVECIN

Dëdieéa

A MONSIEUR GAVINIÉS

Composées par Jean Godefroy Eckard.

I.er ŒUVRE.

Prix 9.

Gravé par S. Pclu

A PARIS.

Chez l'Auteur Rue St Honoré pres celle des Frondeurs, maison de Mr Le Noir notaire.
Et aux adresses ordinaires de Musique

AVEC PRIVILEGE DU ROY

arbeitern eingegliedert, die das 1751 ursprünglich für zwei Violinen und Basso continuo komponierte Stück in alle möglichen Formen und Besetzungen variiert und bearbeitet haben. Dennoch gehören Eckards Variationen zu den wenigen, die auch außerhalb Frankreichs gedruckt worden sind, und zwar vom Verleger R. Bremner in London, der 1776 resp. 1778 ebenfalls die

Abb. 3

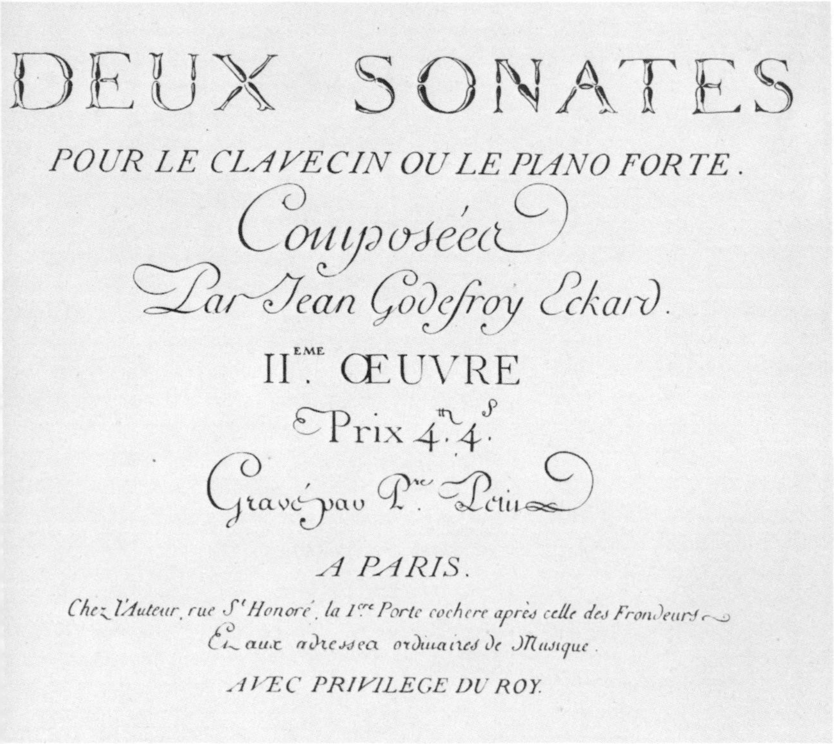

DEUX SONATES

POUR LE CLAVECIN OU LE PIANO FORTE.

Composées

Par Jean Godefroy Eckard.

IIEME ŒUVRE

Prix 4.[#] 4.^s

Gravé par P.^{re} Petit

A PARIS.

Chez l'Auteur, rue St Honoré, la 1.re Porte cochere après celle des Frondeurs
Et aux adresses ordinaires de Musique.

AVEC PRIVILEGE DU ROY.

sechs Sonaten Op. I und die zwei Sonaten Op. II mit englischem Titel nachgedruckt hat. (Abb. 6 – 8.) Eine Neuausgabe von Eckards Exaudet-Variationen hat überdies noch der Londoner Verleger R. Birchall herausgebracht. (Abb. 9.) Die Sonaten Op. I sind mit italienischem Titel bereits 1773 vom Verleger Joh. Fr. Hartknoch in Riga nachgedruckt worden. (Abb. 5.)

★

Inzwischen war Eckards Name ebenfalls in Deutschland bekannt geworden, und zwar durch den Augsburger Chronisten Paul von Stetten d. J., der 1765 in seinen *Erläuterungen zur Geschichte der Reichs-Stadt Augsburg* die erste vorläufige Lebensbeschreibung Eckards publizierte:

Abb. 4

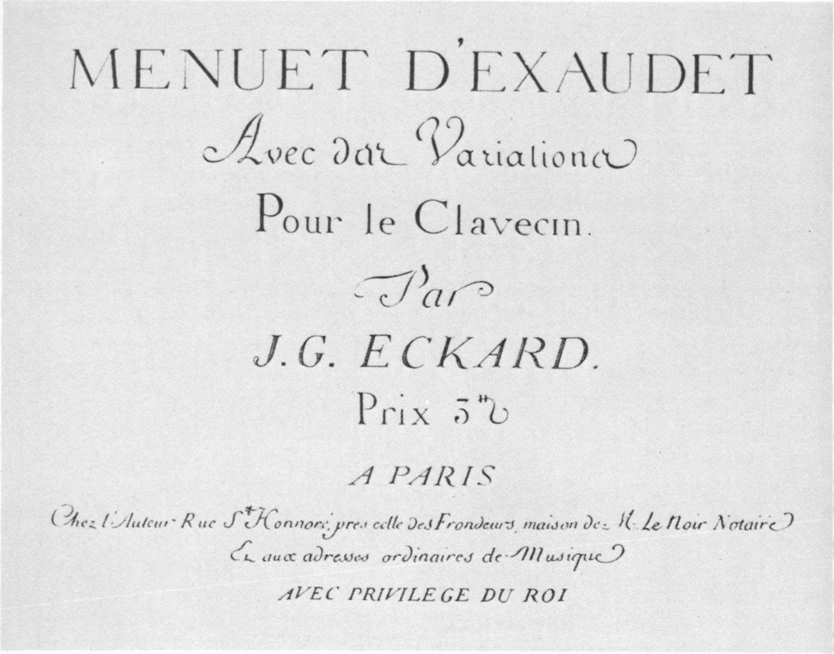

MENUET D'EXAUDET
Avec des Variations
Pour le Clavecin.
Par
J. G. ECKARD.
Prix 3ᵗᵇ

A PARIS

Chez l'Auteur Rue S.ᵗ Honnoré, pres celle des Frondeurs, maison de M. Le Noir Notaire.
Et aux adresses ordinaires de Musique.

AVEC PRIVILEGE DU ROI

„Herr Johann Gottfried Eckart, dessen Kunst und Fertigkeit auf dem Clavier und in der Composition, in Paris ihm Achtung zugezogen, verdiente auch unter den Mahlern angeführt zu werden, noch mehr aber bey dieser Classe. Sein Vater war ein gemeiner Handwerks-Mann. Es ist kein leeres Mährgen, sondern gegründet, daß seine Mutter, die schon wohl bejahrt war als sie zu ihm schwanger gieng, eine außerordentliche Begierde gehabt, Clavier spielen zu lernen, so daß ihr der Mann willfahren und ein Clavier, das aber alt und schlecht genug war, anschaffen müssen. Auf diesem Clavier erlangte hernach Herr Eckart alle seine Kunst, und hatte wenig Anweisung außer Herrn Bachens wahre Art das Clavier zu spielen. Er gieng 1758 mit Herrn Stein nach Paris und gab auch dorten Sonaten und Variationen gesto-

Abb. 5

S E I

S O N A T E

P E R I L

CLAVICEMBALO SOLO

C O M P O S T E

D A

G I O V A N I   G O D O F R E D O   E C K A R D.

O P E R A   I.

I N   R I G A,
PRESSO GIOVANI FEDERICO HARTKNOCH,
1 7 7 3.

chen heraus. Er hat sich ehemals auf die Migniatur-Mahlerey gelegt, und starke Proben darinn gezeigt, wegen Mangel des guten Gesichts aber, solche wiederum hindan gesetzt."[10]

Abb. 6

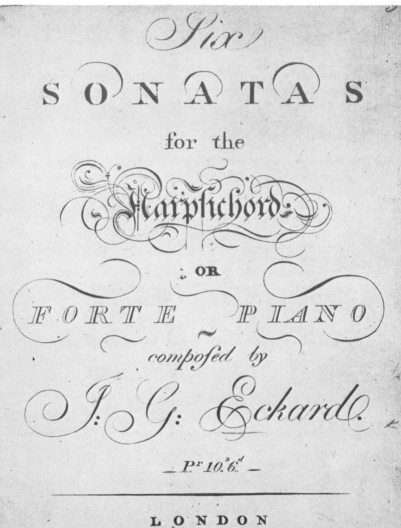

Abb. 7

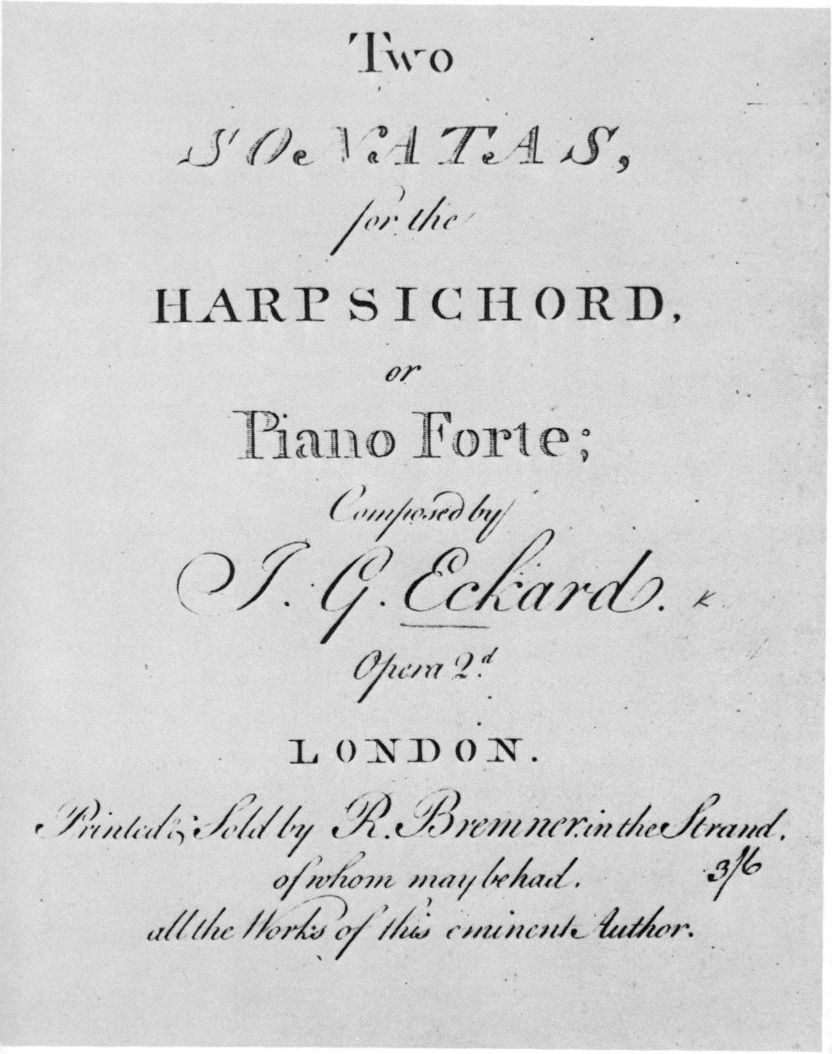

Two

SONATAS,

for the

HARPSICHORD,

or

Piano Forte;

Composed by

J. G. Eckard.

Opera 2ᵈ

LONDON.

Printed & Sold by R. Bremner, in the Strand,
of whom may be had. 3/6
all the Works of this eminent Author.

In einer späteren Publikation, die *Kunst-, Gewerb- und Hand-werks-Geschichte der Reichs-Stadt Augsburg* von 1779, hat Paul von Stetten sich noch etwas ausführlicher über Eckard geäußert. Er nannte ihn jetzt

„einen Meister, welcher außerordentliche Dinge [auf dem Klavier] leistete, und unter die größten auf diesem Instrumente zu zählen war. Sein Freund, Herr Stein, der Orgelmacher, nahm ihn im Jahre 1758 mit sich nach Paris. Der allgemeine Beyfall, den er dort erhielte, und das geringe Glück, das er in seinem Vaterlande vor sich sah, veranlaßte ihn, dort zu bleiben. Er lebte mit vielem Ansehen, giebt bey dem größten Adel und in den reichsten Häusern Unterricht, der reichlich bezahlt wird, und componiert vieles auf sein Instrument, davon ein und anderes in Kupfer gestochen herauskam. Über dieses war Eckart kein mittelmäßiger Maler in Miniatur. Er hatte sich hier, unter Anweisung Sperlings des Kupferstechers, nach Arbeiten von dessen seligen Ehegattin gebildet, und auch in dieser Kunst in Paris Beyfall und schöne Belohnung erhalten."[11]

Aus dieser Quelle haben die meisten späteren Autoren ihre Mitteilungen über Eckard geschöpft. So enthält der *Musikalische Almanach für Deutschland auf das Jahr 1784* ein Zitat aus dem hier oben abgedruckten Text, wobei aber irrtümlich nicht 1758 sondern 1738 als Datum von Eckards Reise nach Paris angegeben worden ist.[12] Dieser Fehler ist offensichtlich von Charles Burney gemacht worden, als er 1776 in seiner *General History of Music* feststellte: „Eckard has been fifty years in Paris",[13] man findet ihn ebenfalls in *A Dictionary of Musicians* von 1827,[14] und selbst noch bei Otto Kade im Jahre 1899.[15] Letztgenannter hätte es besser wissen können, denn Ernst Ludwig Gerber hatte schon 1790 in seinem *Historisch-Biographischen Lexicon der Tonkunst* den logischen Schluß gezogen: „Es scheint mir aber in dem angegebenen 1738ten Jahre seiner Reise und Vollendung in der Kunst und der Zeit seiner Bildung nach dem *Bachischen* Werke, das erst 1759 erschien, etwas zu liegen, worüber ich näher wünschte belehrt zu werden."[16] In seinem neuen, 1812–14 erschienenen Lexikon hat er denn auch (nachdem er bei Paul von Stetten nachgeschaut hatte) den Fehler verbessert,[17] aber nach wie vor die Möglichkeit bestritten, daß Eckard C. Ph. E. Bachs *Versuch über die wahre Art das Clavier zu spielen* hätte studieren können, dabei vergessend, daß der er-

Abb. 8

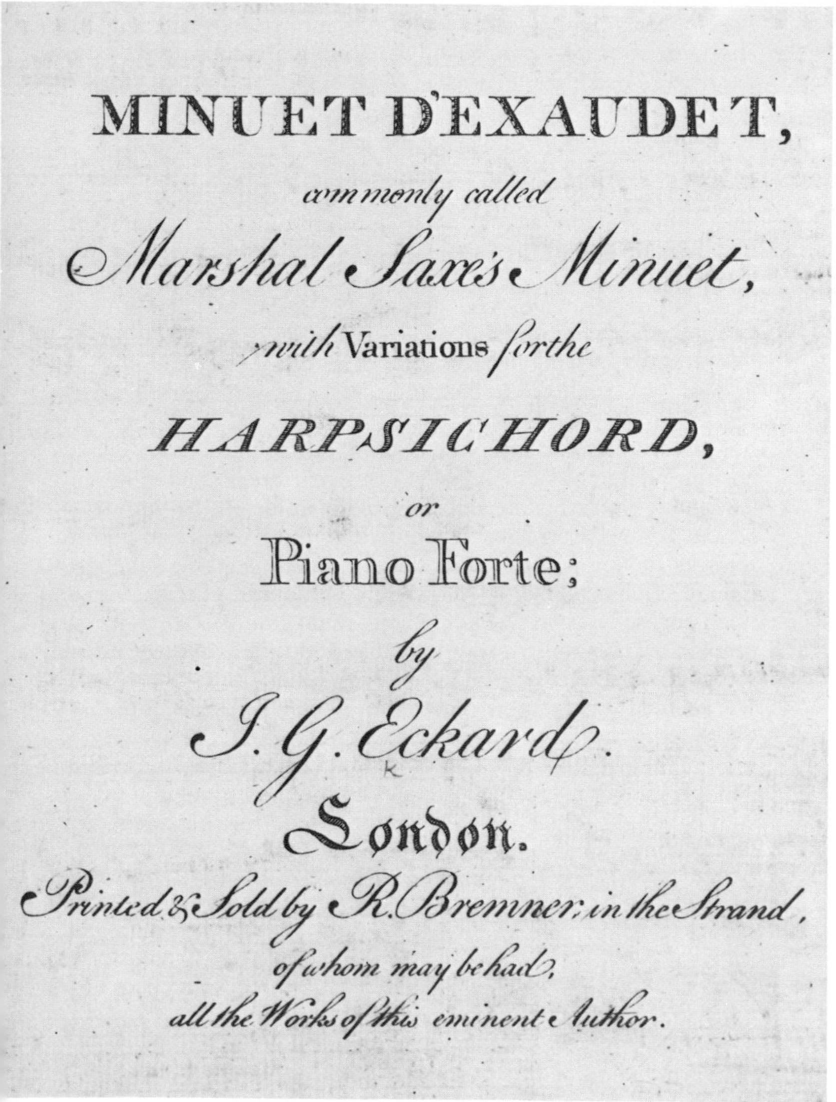

MINUET D'EXAUDET,

commonly called

Marshal Saxe's Minuet,

with Variations *for the*

HARPSICHORD,

or

Piano Forte;

by

I. G. Eckard.

London.

Printed & Sold by R. Bremner, in the Strand,

of whom may be had,

all the Works of this eminent Author.

ste Band dieses Buches schon 1753 erschienen war. Auch F.-J. Fétis scheint daran nicht gedacht zu haben, als er 1835 in seiner *Biographie universelle des Musiciens* sub voce Eckard den *Versuch* mit *„le clavecin tempéré de Bach"* verwechselte,[18] – was dann 1867 wieder von Amédée Méreaux übernommen worden ist, der in *Les Clavecinistes de 1637 à 1790* ein Kapitel Eckard widmete.[19]

Über Eckards späteres Leben ist in weiteren Kreisen damals kaum etwas bekannt geworden. Burney erwähnt ihn in seinem Tagebuch während seiner Reise durch Frankreich und Italien, und zwar im Zusammenhang mit dem Philosophen und vielseitigen Schriftsteller l'Abbé André Morellet (1727 – 1819), Mitarbeiter an der *Encyclopédie,* den er im Dezember 1770 in Paris kennengelernt hat und den er „a notable musician" nennt; „he has an English pianoforte, and is a great acquaintance of Echard."[20] Gerade die Reihenfolge dieser beiden Namen deutet auf das große Ansehen hin, das Eckard offenbar bei Burney genoß. Dieser ist dem Musiker damals wahrscheinlich begegnet, hat ihn vielleicht seine eigenen Kompositionen spielen hören; jedenfalls hat er Eckard aufgenommen in die Reihe von deutschen Komponisten, „whose musical productions and performances have given me great delight, such as Abel, Schobert, Echard, Eichner, Fischer, Wagenseil, Schwindt, Hayden, etc.", noch abgesehen von C. Ph. E. Bach, „who stands so high in my opinion, that I should not scruple to pronounce him the greatest writer for the Harpsichord now alive or that has ever existed", wie er im November 1771 seinem Übersetzer Christoph Daniel Ebeling in Hamburg versicherte.[21]

Gerber berichtete in seinem Lexikon von 1812, daß Eckard in den Jahren 1790–95 in Paris gestorben sein sollte,[22] und berief sich dabei auf Joh. Friedr. Reichardt. Immerhin hätte er ohne viel Mühe entdecken können, daß Eckard erst 1809 in Paris gestorben war, denn der aus diesem Anlaß im *Mercure de France* erschienene Nekrolog war auch in Deutschland nachlesbar. Dieser Nekrolog, der mehr als alle vorhergehenden Quellen ein Bild von Eckards Persönlichkeit und Künstlertum zu geben vermag, brachte eine willkommene Ergänzung der von Paul von Stetten ermittelten Berichte:

„Les arts avaient perdu quelques jours auparavant Jean Godefroi Ekard, professeur de piano. Il était venu à Paris fort jeune dans l'intention de se livrer à l'étude du dessin et de la peinture, dans

Abb. 9

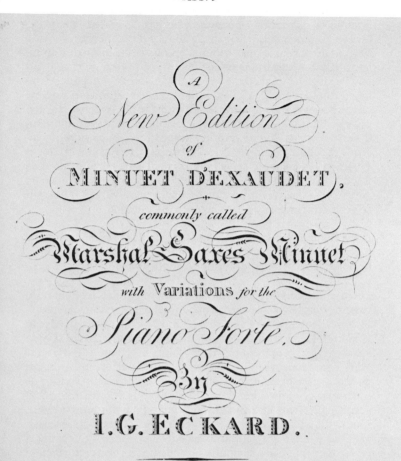

lesquels il avait déjà fait des progrès rapides, lorsqu'un goût plus décidé pour la musique l'engagea à quitter les pinceaux pour la lyre. Il avait reçu des leçons des plus grands maîtres de l'Allemagne, et pouvait lui-même en donner d'excellentes; mais la fortune ne dispense pas ses dons en raison du mérite et du talent; réduit à peindre, pendant le jour, pour vivre, il employait une partie des nuits à perfectionner ses connaissances et ses talens dans l'art musical. Ses heureuses dispositions et une extrème persévérance le rendirent bientôt le plus célèbre claveciniste de l'Europe; il a parcouru sa longue carrière avec honneur. Il était non seulement habile compositeur, mais homme instruit et éclairé; il cultivait les lettres avec beaucoup de goût et savait parler également des langues du Tasse, de Gessner et de Racine. Un rhume négligé l'a enlevé dans la soixante-quinzième année de sa vie. Quoique d'un tempérament délicat, il pouvait se promettre encore de prolonger le fil de ses jours."[23]

Das genaue Sterbedatum – ein *Acte de décès* ist anscheinend nicht erstellt worden – ist in dem offiziellen *Verbal des scellés apposés après le décès* dokumentiert, der wie folgt lautet:

„L'an milhuitcentneuf le mardy vingtcinq juillet dix heures du matin. – Sur l'avis que nous a été donné par Mr. François Joseph Billoire, demeurant à Paris rue d'Anjou N° 34, que le sieur Jean Godefroy Eckard, professeur de musique, est décédé en la maison dont il est propriétaire, rue d'Anjou, St. Honoré N° 34, nous Antoine Lamaignere, Juge de paix du premier Arrondissement de Paris, assisté de Jean Richard Eve Vaudemont, Greffier de notre justice, nous sommes transporté en la susdite maison où étant le dit Sieur Billoire, au quel nous nous sommes adressé, nous a dit que le S. Eckard est décédé dans la nuit dernière laissant des Parents qui demeurent à Augsburg où le dit Eckard est né et dont un neveu s'appelle Scheffting [recte: Schaffting], et est teinturier en cuir dans la Basse Ville, qui pour la conservation des droits et interêts des héritiers du Sr. Eckard il nous requiert d'apposer nos scelles sur les meubles et effets dépendant de sa succession lesquels sont dans un appartement au troisième étage de la d. maison qu'il va nous représenter. [..] Sur quoi nous juge de paix conduit par le dit Sr. Billoire vis à vis la porte du dit appartement dont ce dernier nous a représenté la clef nous y sommes entré et attendu que le corps du dit défunt Eckard vient d'être enlevé pour être conduit à la sépulture. Nous

Abb. 10

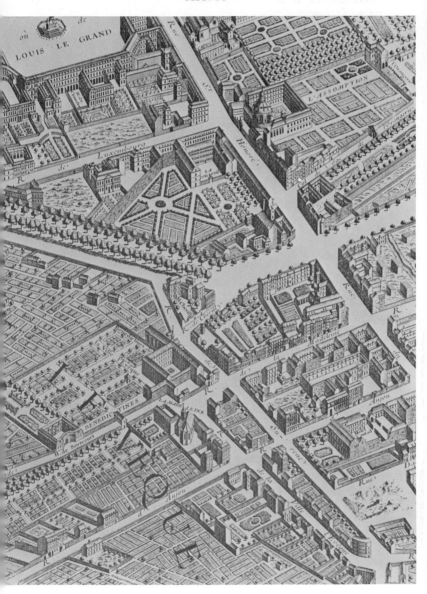

avons refermé la porte du dit appartement avec la clef restant es mains de notre greffier et sur les bouts de la dite bande nous avons apposé nos scelles et cachet."[24]

Eckard ist also am 24. Juli 1809 gestorben in der Rue d'Anjou N° 34, Faubourg St.-Honoré in Paris, wo er im 3. Stock eine Dreizimmerwohnung mit Aussicht auf den Garten und mit einem Speicher im 4. Stock gemietet hatte. Verheiratet scheint er nicht gewesen zu sein; als sein einziger Erbe tritt sein Neffe Johann Gottfried Schaffting auf (in dem notariellen *Acte de Succession* als „Maître boursier" in Augsburg bezeichnet), der sich von Joseph-Ignace Hueber („Négociant, demeurant à Paris, Quai de l'horloge du palais N° 71") vertreten ließ.[25]

Obwohl im Nekrolog des *Mercure de France* deutlich zu lesen ist, daß Eckard „im 75. Jahr seines Lebens" gestorben ist und also 1735 geboren sein muß, haben spätere Autoren als Geburtsdatum angegeben entweder 1734 (so auch noch 1928 Hans Th. David[26]), oder „um 1735", wie z.B. noch in der 11. Auflage des Riemann-Lexikons (1929). Erst 1938 haben Nachforschungen im Kirchenregister des Evangelisch-Lutherischen Kirchengemeindeamts in Augsburg ans Licht gebracht, daß Eckard am 21. Januar 1735 in der Heilig-Kreuz-Kirche in Augsburg getauft worden ist (Abb. 11), also an diesem Tage oder kurz vorher geboren sein dürfte.[27] Seine Eltern waren Johann David Eckhardt[28] (geb. 8. 1. 1682, gest. 18. 3. 1759), seit 14. 8. 1730 in dritter Ehe verheiratet mit Anna Barbara Heggenauer (geb. 21. 7. 1702, gest. 22. 10. 1762), seine Großeltern David Eckhardt aus Fürstenwalde, Mark Brandenburg (geb. ?, gest. 29. 12. 1709), seit 6. 2. 1680 verheiratet mit Barbara Scheller (geb. 28. 9. 1656, gest. 18. 2. 1704), und Philipp Heckenauer, Goldschmied (geb. 12. 5. 1671, gest. 27. 12. 1729), seit 27. 6. 1701 verheiratet mit Jacobina Engelbrecht (geb. 27. 2. 1674, gest. 4. 8. 1702). Auch die Großeltern gehörten alle zur Evangelisch-Lutherischen Gemeinde.

Die Tatsache, daß Eckards Mutter kaum 32 Jahre alt war, als sie ihn erwartete, macht die Behauptung von Paul von Stetten, „daß sie schon wohl bejahrt war als sie zu ihm schwanger gieng", selbst für die damaligen Altersverhältnisse etwas sonderbar; eher könnte man das von seinem Vater sagen, der immerhin schon 53 Jahre zählte, als sein Sohn Johann Gottfried geboren wurde. Vielleicht aber ist der Sinn dieser Bemerkung, daß Eckards Mutter ihr erstes Kind erst nach fünf Ehejahren gebar. Es ist begreiflich, daß Eckards Doppelbegabung als Maler und

Abb. 11

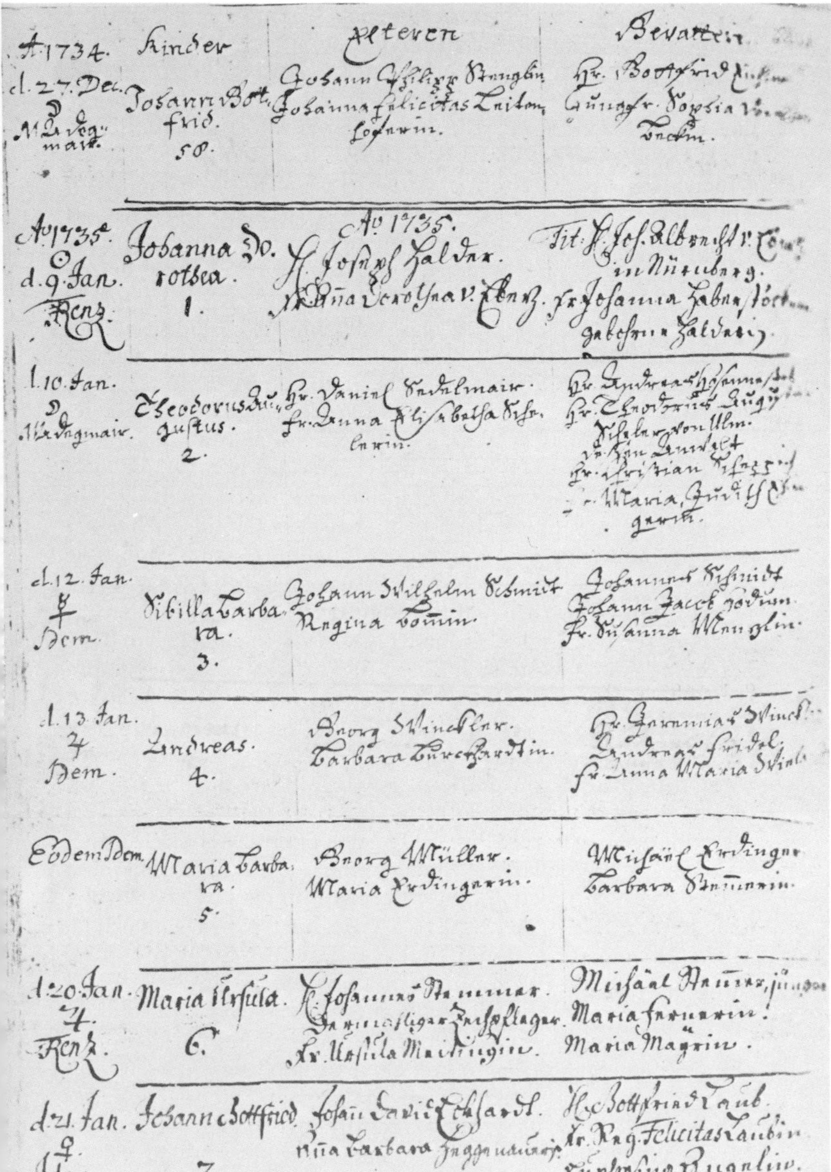

A: 1734.	Kinder	Eltern	Gevattern
d. 27. Dec. O. Prædigmair	Johann Bott frid. 50.	Johann Philipp Renglin Johanna Felicitas Lutton Losarin.	Hr. Bottfried Kühn Günther Sophia v. Tuckin.
A: 1735. d. 9. Jan. Renz.	Johanna D. rothea 1.	A: 1735. H. Joseph Saldnr. Maria Carolina v. Renz.	Tit: H. Jos. Albrecht v. Co... in Würtzburg. Fr. Johanna Sabina Vöch galerin v Saldari.
d. 10. Jan. O. Prædigmair	Theodorus Justus 2.	Hr. Daniel Prædlmair. Fr. Anna Elisabetha Lih....larin.	Hr. Andreas Thomas del Hr. Theodorus Püggy Scholar von Ulm v Hr. Landret Hr. Christian Lihzzsch Maria Barb. Sch... gewih.
d. 12. Jan. Dem.	Sibilla Barba ra. 3.	Johann Wilhelm Schmidt Regina ....nin.	Johannes Schmidt Johann Jacob ....dnin Fr. Susanna Manglin.
d. 13. Jan. Dem.	Andreas. 4.	Georg Winckler. Barbara Burckhartin.	Hr. Hieronimus Winckl... Hr. Andreas Sridel Fr. Anna Maria Winkl...
Eodem Dem.	Maria Barba ra. 5.	Georg Müller. Maria Erdingerin.	Michael Erdinger Barbara Brunnerin.
d. 20. Jan. Renz.	Maria Ursula. 6.	Hr. Johannes Bammer. Fr. Ursula Marttingin.	Michael Bammer jünger. Maria Bammerin! Maria Magrin.
d. 21. Jan. Idem.	Johann Bottfried. 7.	Johan David Eckhardt. Maria Barbara Huggenadorff.	Hr. Bottfried Taub Fr. Reg. Felicitas Taubin Fr. Rosina Rugnlin.

als Musiker bei den Zeitgenossen und Nachfahren besonderes Interesse erweckte. Namentlich die zuerst 1809 im *Mercure de France* veröffentlichte Anekdote, daß Eckard zu Beginn seiner Laufbahn in Paris am Tage malte, um sich ernähren zu können, und in der Nacht seine musikalischen Studien betrieb, ließen die späteren Autoren über Eckard sich nicht entgehen. Sie erschien alsbald in der *Dictionnaire historique des Musiciens* von Choron et Fayolle,[29] und auch Fétis und Méreaux haben sie in ihre oben schon angeführten Bücher prompt übernommen; selbst im *Universal-Lexikon der Tonkunst* von Eduard Bernsdorf von 1856 ist sie noch anzutreffen.[30]

Obwohl Eckards Wirken als Maler in der Literatur immer wieder erwähnt wird – und in den französischen Quellen bestimmt nicht auf Grund der diesbezüglichen Mitteilungen von Paul von Stetten –, ist es mir nicht gelungen, auch nur die geringste Spur seiner Tätigkeit als Maler und Zeichner in Paris zu entdecken. Aus seiner Augsburger Zeit sind nur zwei Werke von ihm, die sich jetzt in den Städtischen Kunstsammlungen in Augsburg befinden, erhalten geblieben: ein Ölbild, *Esther vor Ahasver* darstellend und signiert „Johann Eckardt", und eine Zeichnung im Stammbuch des kunstverständigen Augsburger Fabrikanten Anton Christoph Gignoux (1721 – 1795), datiert „1. März 1754", mit der Inschrift: „Dem werthesten Herrn Besizer dieses Buchs wolte sich durch dießes wenige bestens Empfehlen dero geringster Diener JG. Eckard." (Abb. 12 – 13.)[31] Aus späterer Zeit ist mir kein Gemälde, kein Pastell, keine Miniatur oder Zeichnung von ihm bekannt; in keiner der katalogisierten Miniatursammlungen aus dem 18. Jahrhundert, die mir zur Verfügung gestanden haben, kommt sein Name vor. Zwar sind im *Mercure de France* vom April 1787 die Titelblätter der Kompositionen I – VII von Isidore Bertheaume (1752 – 1802) scheinbar Eckard zugeschrieben: „Ces différens œuvres [...] sont ornés, chacun d'un frontispiece gravé à l'eau forte par M. Echard, fameux claveciniste, et dont l'effet est charmant."[32] Diese Mitteilung hat Lionel de La Laurencie in seinem Standardwerk *l'Ecole française de violon* kritiklos übernommen;[33] aber die Schreibweise des Namens „Echard" hätte ihn darauf aufmerksam machen können, daß der „fameux claveciniste" verwechselt worden ist mit dem französischen Maler und Zeichner Charles Echard (1748 – 1810), der außer zahlreichen Zeichnungen von Landschaften, Ruinen und Tieren auch die obenerwähnten Titelblätter angefertigt hat.[34]

Abb. 12

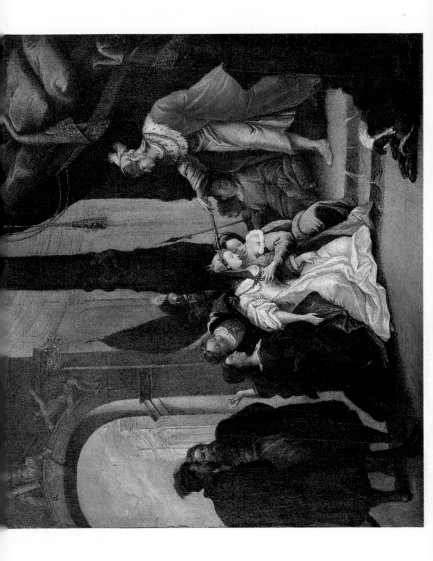

Für Eckards Ruf als Maler, dem er Erwähnung u. a. im *Allgemeinen Künstlerlexikon* von J. R. Füszli (1779) und selbst noch 1914 bei Thieme-Becker zu verdanken hat, können die erhalten gebliebenen Kunstwerke kaum eine Rechtfertigung bieten. Daß er aber auch in Paris gezeichnet hat, zeigt das Inventar seines Nachlasses, das u. a. „Quatre cartons remplis de dessins et études, tant d'après nature que d'après la bosse par M. Eckard" angibt.[35]

Dieses Inventar, das für die künstlerischen und intellektuellen Interessen Eckards äußerst aufschlußreich ist, verdient hier unverkürzt (nur unter Weglassung der notariellen Formalitäten am Anfang und am Schluß) abgedruckt zu werden:

INVENTAIRE APRÈS LE DÉCÈS DU Sᴿ ECKARD

Dans un petit grenier au quatrième étage:
Vingt pièces qui sont bustes en plâtre de différentes grandeurs et modèles dont l'Attale et l'Hercule – Farnèse demie grandeur, prisée ensemble: trente six francs ci: . . . .   36."''

Dans une pièce au troisième étage servant d'antichambre, ayant vue sur la cour:
Un petit chiffonier en bois de noyer garni de sept tiroirs, une table de nuit aussi en noyer, un paravant à huit feuilles couvertes en papier, prisé ensemble: quatorze francs . . . . .   14."''

Deux cassettes en sapin, et trois vieilles chaises foncées de paille prisé: trois francs . . . .   3."''

Une grande armoire en bois de noyer corniche carrée, garnie de tablettes en sapin, prisé: trente six francs . . . . . .   36."''

Cinq bas reliefs, dix bustes de rondes bosses, cinq figures en pieds dont l'Antinoüs et la Vénus de Médicis et douze autres parties de bosses, le tout en plâtre, prisé le tout ensemble: trente francs . . . .   30."''

Dans l'armoire cy-dessus inventoriée:
Un vieux sceau de fayence, un lot de poterie ne méritant description, trois vieux ballets de crin et trois cadres en bois doré, prisé le tout: trois francs . . . .   3."''

Dans une Chambre à coucher en suite et ayant vue sur le jardin:
Une vieille couchette à barrepillère peinte en jaune à petites roulettes et à barres, une paillasse et trois vieux matelas, couverts en toile à carreaux, une vieille couverture de laine et un vieux drap, de toile déchiré et un petit traversin en coutil rempli de plumes, prisé le tout comme très mauvais: quarante francs . . . .   40."''

Abb. 13

Deux vieilles chaises foncées de paille, une autre en bois peint en gris, couverte en velours d'Utrech vert, une vieille paire de rideaux, en toile à carreaux garnis de tringles et anneaux, prisé ensemble: neuf francs . . . .   9."""

Deux vieilles culottes de drap noir, six vieilles vestes de différentes étoffes, un petit manchon, et un vieux couvrepied piqué, en taffetas à carreaux, prisé le tout: six francs . . . . .   6."""

Douze bustes de rondes bosses, deux figures d'amandier pied, trois petits bas reliefs et une frise, deux autres bas reliefs, sujet de batailles d'Alexandre et soixante dix autres pièces étant diverses bosses de grandeurs et modèles différents, prisé le tout: quarante cinq francs . . . . 45."""

Deux cadres représentant diverses figures d'après Calot, prisé: deux francs . . . .   2."""

Dans une pièce à coté ayant méme vue que celle précédente:

Une paire de chenets en fer, garni en cuivre, en couleurs, une pelle et une pincette et une tenaille, prisé le tout: dix francs . . . . 10."""

Deux fauteuils et trois chaises en bois peint en gris foncé, de crin et couvertes en velours d'Utrech, une petite table en bois de noyer garnie d'un tiroir, une autre table aussi en noyer formant pupitre, une autre en sapin, prisé le tout: trente six francs . . . . 36."""

Un petit guéridon en bois d'acajou, prisé: dix francs . . . . 10."""

Une Commode à deux grands et trois petits tiroirs en bois de placage et à dessus de marbre, Sainte Anne, une petite chiffonnière aussi en bois de placage, une console en bois doré, à dessus de marbre Sainte Anne, prisé le tout: vingt six francs, avec un petit écran en merisier . . . . 26."""

Un clavecin en bois de placage, moucheté garni de rosettes de cuivre, prisé: cent francs . . . . 100."""

Deux paires de rideaux de croisées, en taffestas vert en lambeaux, prisé: six francs . . . .   6."""

Trois figures demie nature, dont l'Appolon du Belvédaire et la Venus Sortant du Bain, une autre figure de grandeur presque naturel dite la Vénus Appoline, dix autres figures de rondes bosses, prisé le tout: trente six francs . . . . 36."""

Un tableau peint sur toile représentant Saint Jérome, trois petits tableaux peints sur bois sujets de paysage de marine, une estampe représentant Crésus et Calvihoé d'après Fragonard, deux autres estampes d'après Rembrandt et Van Dick, onze autres de Messine et Gravures, le tout sous verre et dans leurs bordures de bois doré, prisé ensemble: vingt quatre francs . . . . 24."""

Dans la Commode sus inventoriée:

Un vieille habit gris, un autre de drap bleu, deux vestes de petit velours, deux autres brodées, et quatre tant de piqué que de drap et de coton, un vieux chapeau rond, et une paire de souliers, prisé le tout: dix huit francs . . . .   18.''''

Une grande nappe de toile ouvrée, deux vieilles serviettes trois chemises de grosse toile, trois mouchoirs et une cravate en toile à carreaux, deux paires de bas de laine, blanches, sept paires de bas coton mélangés, bleus et blancs, une vieille paire de bas de soie blanc et un lot de chiffons ne méritant description, prisé le tout: quatorze francs . . . .   14.''''

Suit le linge revenu de la lessive: un vieux drap, deux vieilles serviettes de toile ouvrée, deux chemises de grosse toile, une paire de bas bleu et blanc, trois cols de mousseline, un bonnet de coton trois vieux mouchoirs et cravates et un tas de chiffons ne méritant description, prisé le tout: dix francs . . . .   10.''''

Suivent les livres trouvés dans une des Cassettes ci-dessus inventoriées:

Quatre volumes in quarto, dont dictionnaire italien d'Antonini, la Jérusalem délivrée texte italien, neuf volumes in douze, poésies de Métastase, et cinq volumes in octavo des œuvres du Dente, le tout relié en veau, prisé ensemble: vingt quatre francs . . . .   24.''''

Quarante deux autres volumes de divers format et reliure, tous en langue Italienne et dont les principaux sont: le Decameron de Bocasse, les Poésies de Pétrarque, choix de tragédies Italiennes, le pastor Fido et l'Eneide de Virgile, traduction d'Annibal Caro et les poésies du Docteur Fagginoli, prisé ensemble: vingt huit francs . . . .   28.''''

Trente six volumes in octavo, et in douze de diverses reliures dont les principaux sont Clarisse Pamela, des chefs d'œuvres de Pierre et Thomas Corneille, le dictionnaire de l'Italie, et la vie des peintres célèbres, prisé ensemble: quinze francs . . . .   15.''''

Treize autres volumes aussi reliés en veau et bazane dont les œuvres de Gessi et le nain sur paris par Sainte Foix, prisé: cinq francs . . . .   5.''''

Cinquante deux volumes brochés dont le mémoire de Galdoni, le tableau de Paris par Mercier, les Sermons de Père Elisée, et autres ouvrages ne méritant description, prisé le tout: dix francs . . . .   10.''''

Le Roland amoureux quatre volumes in douze, texte italien et l'Arioste aussi en Italien aussi in douze, prisé: six francs . . . .   6.''''

Dans l'armoire cy-dessus inventoriée:

Une petite caisse remplie d'estampes formant la collection complette des Oeuvres de Guerchin gravé par Bartolozzi, un grand carton contenant environ cent vingt estampes de différents Maitres des écoles françaises et italiennes, tels que Le Poussin, Lebrun, Mignard, Audran, Raphaël, Michel-Ange, et autres, prisé ensemble: quatre vingt dix francs ...   90.''''

Un volume d'estampe d'après les marbres et statues de Rome, par François Périer, un autre carton contenant les dessins du cabinet de Mr Schmidt gravé par Prestel, un autre carton rempli d'estampes formant la collection complète des œuvres de François Edmon Weirotter, un autre carton contenant environ deux cents estampes, d'après Borghèse, Paul Poter et autres anciens maitres, prisé le tout ensemble: cent vingt francs ....   120.''''

Un autre carton contenant environ cent vingt estampes tant modernes qu'anciennes, d'après Stéphano della bella et autres maitres d'Italie, prisé: vingt francs ....   20.''''

Un autre carton aussi rempli de gravures au nombre d'environ soixante dix, d'après Louterbourg et autres maitres, un volume de cent cinquante paysages et marines, par Féret, deux cahiers d'étude tant aux traits que finies, formant les œuvres de Blomaert, prisé le tout: trente six francs   36.''''

Quatre cartons remplis de dessins et études tant d'après nature que d'après la bosse par M. Eckard, prisé: quarante francs ....   40.''''

Une cassette remplie de diverses œuvres de musique et partitions tant gravées que manuscrites de différents compositeurs et Allemands, prisé: soixante dix francs ....   70.''''

Aus diesem auch kulturhistorisch interessanten Dokument geht deutlich hervor, daß Eckard in seiner Wohnung eine ungewöhnlich umfangreiche Privatsammlung von Kunstwerken zusammengetragen hat. Nicht nur ist die Anzahl antiker (hellenistischer und römischer) Skulpturen auffallend groß, sondern auch sein Besitz an Graphik ist sehr beachtlich und überdies mit ausgeprägtem Geschmack ausgewählt. Leider läßt sich aus der mangelhaften Inventarisierung – man bekommt den Eindruck, daß der Taxator seinen Befund einem Gehilfen in die Feder diktiert hat, was die vielen Fehler in der Schreibweise von Namen und Titeln erklärlich machen könnte – nicht feststellen, ob Eckard originale Handzeichnungen, Kupferstiche oder Radierungen von Rembrandt, van Dyck, Paulus Potter, Antonella da Messina, Raphael und Michelangelo besessen hat oder nur Stiche nach Gemälden. Es ist wohl letzteres anzunehmen, wie es bestimmt der Fall war bei dem Gemälde *Corésus se sacrifie pour sauver Callirhoé* von Fragonard (1765, seitdem im

34

Louvre in Paris), von dem ein Kupferstich von J. C. Danzel (1773) damals sehr verbreitet war. Ebenso wird das gegolten haben für Nicolas Poussin (1593 – 1665), Pierre Mignard (1612 – 1695) und besonders Charles Le Brun (1619 – 1690), dessen Werk von Gérard Audran (1640 – 1703) regelmäßig reproduziert worden ist. Andererseits dürfte Eckard Original-Zeichnungen, -Radierungen oder -Kupferstiche von Jaques Callot (1592 – 1635), wie auch von Stefano della Bella (1610 – 1664) besessen haben; und mit den „deux cahiers d'étude tant aux traits que finies, formant les œuvres de Blomaert" kann nur gemeint sein das *Oorspronkelijk en vermaard konstrijk tekenboek van Abr. Bloemaert* (1564 – 1651), das 1740 in Amsterdam neu herausgegeben worden war. Beachtenswert ist weiterhin, daß zu dieser Sammlung eine komplette Kollektion von Zeichnungen von Il Guercino (1591 – 1666), gestochen von Francesco Bartolozzi (1727 – 1825) gehörte; vermutlich waren das die sogenannten ›Kupferstiche in Punktmanier‹, für die Bartolozzi berühmt war. Weniger bekannt sind die Zeichnungen von Georg Friedrich Schmidt (1712 – 1775), die von Johann Gottlieb Prestel (1739 – 1808) reproduziert wurden. Dagegen trifft man in französischen Sammlungen des 18. Jahrhunderts häufiger die Abbildungen von römischen Skulpturen von François Perrier (1590 – 1650) an. Der Name Féret, der im Inventar aufgeführt wird, bezieht sich eher auf den Ornamentstecher aus dem 17. Jahrhundert, als auf den Landschaftsmaler Jean-Baptiste Féret (1664 – 1739). Bezüglich des Namens Louterburg aber gibt es keine Zweifel: hiermit kann nur der Elsässer Philippe-Jacques de Loutherbourg (1740 – 1812) gemeint sein, der als Décormaler in London sehr beliebt war, aber auch Landschaften gemalt hat, von denen Kupferstiche erschienen sind. Schließlich fordert noch der österreichische Zeichner und Kupferstecher Franz Edmund Weirotter (1730 – 1771) unsere Aufmerksamkeit; er lebte in den Jahren 1759 bis 1766 in Paris, wo er vielleicht mit Eckard in persönlichem Kontakt gestanden hat, da dieser eine vollständige Sammlung Kupferstiche von Wcirotter besaß, der übrigens mit seiner Vorliebe für antike Ruinen Ähnlichkeit mit Charles Echard aufweist.

Es ist zu bedauern, daß Eckards eigene Leistungen auf diesem Gebiete im vorletzten Absatz der Inventarliste so undetailliert zusammengefaßt sind, daß wir uns davon kaum eine Vorstellung machen können. Ein Vergleich mit dem Inhalt der vorher erwähnten „cartons" kann nur zu der Vermutung führen, daß

Eckard etliche Hundert eigener Zeichnungen hinterlassen haben muß.

Dagegen werden wir über seinen literarischen Geschmack ausführlich unterrichtet. Bemerkenswerterweise sind es überwiegend Bücher in italienischer Sprache, die Eckard besaß, wie die *Eneide* von Vergil in der Übersetzung von Annibale Caro (1507 – 1566), die Werke von Dante, Boccaccio (*Decamerone*), Petrarca, Torquato Tasso (*La Gerusalemme liberata*), Giovanni Battista Guarini (*Il pastor fido*), Matteo Mario Bolardo (*Orlando innamorato*), Ariosto, Goldoni (*Mémoires*) und Metastasio. Unter „les poésies du Docteur Fagginoli" müssen wir vielleicht die *Rime piacevole* von Giovan Battista Fagiuoli (1680 – 1742) verstehen, wenn man auch wegen des Doktortitels an den Juristen Giovanni Fagioli (1223 – 1286), „legum doctor" in Pisa, denken könnte. Noch wesentlich mehr Unklarheiten bietet die Erwähnung von „les œuvres de Gessi et le nain sur Paris par Sainte Foix". Ein Schriftsteller „Gessi" scheint vor etwa 1800 nicht existiert zu haben, der Maler Giovanni Francesco Gessi (1585 – 1649) kann hier kaum in Betracht kommen, und die Karikaturen von Pietro Leone Ghezzi (1674 – 1755) ebensowenig. Der Name „Le Nain" führt in erster Linie zu Assoziationen mit der bekannten Malerfamilie dieses Namens aus dem 17. Jahrhundert; hier aber wird viel eher an den Historiker Louis-Sébastien Lenain de Tillemont (1637 – 1698) gedacht werden müssen. Mit „Sainte Foix" ist vermutlich der Schriftsteller Philippe-Auguste de Sainte-Foix (1721 – nach 1792) gemeint, der als „le Chevalier d'Arcq" in die Geschichte eingegangen ist. Alle diese möglichen Identifikationen geben aber keine Antwort auf die Frage, um welche „œuvres sur Paris" es sich hier handeln könnte. Bei dem bekannten zwölfbändigen *Tableau de Paris* von Louis-Sébastien Mercier (1740 – 1801) dagegen, worin der ›Ancien Régime‹ schonungslos angeprangert worden ist – er ist denn auch anonym in London erschienen (1781 – 88) –, erheben sich keinerlei Zweifel. In dem Inventar erscheinen übrigens als französische Autoren nur Pierre und Thomas Corneille, während sich hinter dem Titel „Clarissa Pamela" der englische Romancier Samuel Richardson (1689 – 1761) verbirgt, dessen Briefroman *Clarissa, or the History of a Young Lady* (1748) in der 1751 erschienenen Übersetzung von l'Abbé Prévost viel gelesen wurde, ebenso wie sein berühmter Vorgänger *Pamela, or Virtue rewarded* (1741). Deutsche Literatur fehlt völlig – wenn sie sich nicht unter den „ouvrages ne méritant description" befunden hat.

Sollte man daraus schließen müssen, daß Eckard während seines mehr als fünfzigjährigen Aufenthalts in Paris sich auch geistig von seinem Vaterlande entfremdete?

Der musikalische Nachlaß Eckards ist in diesem Inventar leider ebenso oberflächlich beschrieben worden wie der zeichnerische. Die Tatsache, daß der Kassette mit gedruckten und handschriftlichen Werken verschiedener Komponisten der dritthöchste Schätzungspreis zuteil wurde, läßt auf einen reichhaltigen Inhalt schließen. Zweifellos wird sie die von Eckard in Eigenverlag herausgegebenen Kompositionen und vielleicht die ausländischen Nachdrucke enthalten haben. Aber auch die „vielen Claviercompositionen in Mscript" werden sich darin befunden haben müssen, die der *Musikalische Almanach für Deutschland auf das Jahr 1783* erwähnt.[36] Von diesen handschriftlichen Kompositionen ist bis jetzt nichts in Erscheinung getreten. In keiner der vielen periodischen Schriften und anderen Publikationen, die damals in Frankreich erschienen sind und worin Ausgaben von neuer Musik mit auffallender Vollständigkeit angekündigt wurden, ist auch nur das Geringste über spätere Kompositionen von Eckard zu lesen. Ein Musiker wie er hätte doch sicher seine in Paris komponierten Werke drucken lassen können, gerade in Paris, wo nach 1760 eine besonders starke Nachfrage nach gedruckter Musik herrschte. Aus der Tatsache, daß Eckard nach der Mitte der siebziger Jahre in den meisten Pariser Almanachen nicht als Komponist, sondern als „Maître de Clavecin" erwähnt ist, könnte man folgern, daß er in späteren Jahren selten in der Öffentlichkeit erschien und sich hauptsächlich als Pädagoge betätigte. Jedenfalls ist es auffällig, daß Eckard an Mozarts musikalischer Umwelt in Paris 1778 überhaupt keinen Anteil hatte.[37] Ob Mozart ihm damals wieder begegnet ist, bleibt ungewiß; Leopold Mozart hat auf seine Frage im Brief an Wolfgang vom 3. August 1778: „Leben Ekard – und Hannauer noch?"[38] anscheinend keine Antwort bekommen, wenigstens keine schriftliche.

Schließlich kann man noch darüber verwundert sein, daß im Inventar des Eckard-Nachlasses kein Pianoforte erwähnt ist, sondern nur ein Clavecin. Wenn man sich erinnert, daß Eckard 1763 der erste Komponist in Paris gewesen ist, der seine Klaviermusik ausdrücklich auch für das Pianoforte bestimmte, dann ist das Fehlen in seiner Wohnung gerade dieses Instrumentes rätselhaft. Es besteht aber die Möglichkeit, daß der Taxator, dessen Interesse anscheinend mehr der bildenden Kunst und der Literatur galt, sich einfach geirrt hat und ein Pianoforte für ein Clavecin hielt, – was einem Pariser selbst noch im Jahre 1809 leicht hätte passieren können.

★

Es ist begreiflich, daß eine jüngere Generation, die von Eckard nur durch Überlieferung gehört hatte, einer Lobrede, wie sie im *Mercure de France* abgedruckt war, ziemlich skeptisch gegenüber stand. So konnte man z.B. in Rellstabs Nekrolog in der Vossischen Zeitung vom 9. Oktober 1809 einen Ton von Geringschätzung nicht überhören, wo er schrieb über „einen berühmten, aber lange vergessenen Clavierspieler", und seinen Aufsatz verärgert abschließt mit der Bemerkung: „Unrichtig ist es übrigens, wenn ein anderes Blatt sagt, er habe von den größten Meistern Unterricht erhalten; noch unrichtiger, wenn es behauptet, er sey der fertigste u. berühmteste Clavierspieler Europens. Nirgend ist dies dokumentirt, und so etwas wird wohl bekannt. Er mag gut und berühmt gewesen seyn; aber groß und der berühmteste war er gewiß nicht, da keine Ohrenzeugen von ihm zu finden sind, und alle Quellen nur von Hören-Sagen sprechen."[39] Hiermit übertreibt Rellstab aber in die andere Richtung, auch wenn zugegeben werden muß, daß Eckards Ruf hauptsächlich aus den Jahren 1760 bis 1780 stammt. Grimm und De La Borde waren zweifellos Zeugen aus erster Hand, und der Umstand, daß in einem im *Musikalischen Handbuch auf das Jahr 1782* erschienenen Gedicht Eckard in einem Atemzug mit dem berühmten Hoboisten Le Brun, dem nicht weniger gefeierten Violinisten Lolli und mit Carl Philipp Emanuel Bach genannt wird (Abb. 14), dürfte gewiß das Lob rechtfertigen, das ihm noch bei seinem Tode gespendet wurde.

Dessen ungeachtet sollte mit größter Vorsicht aufgenommen werden, was Chr. Fr. Dan. Schubart in seinen 1806 erschienenen *Ideen zur Ästhetik der Tonkunst* über Eckard geäußert hat. Schubart, der diese erst 15 Jahre nach seinem Tode herausgegebene Schrift während seiner Internierung in der Festung Hohenasperg in den Jahren 1777–87 diktiert hat, wobei er sich offenbar ganz auf sein Gedächtnis verlassen mußte, hat Eckard in seinen historischen Betrachtungen einen verhältnismäßig übergroßen Platz eingeräumt:

„*Eckard*, aus *Augsburg* gebürtig. Ein großer Clavierist, der sich viele Jahre in Paris aufhielt, und sich Geld und Ansehen erwarb. Er spielt

Abb. 14

Adagio finale.

Schlecht ist der Virtuosen Glück
    In unsrer Tage Lauf,
's thät Noth, sie nähmen einen Strick,
Und hängen all sich auf.
Pfeift einer auch wie le Brun pfeift,
Geigt einer Lolli nach,
Greift 's Clavicord wie Ekkard greift,
Und componirt wie Bach:
Doch hört man lieber Schellenklang,
Gebell und Katzenschrey,
Und Gänsigag und Eselsang,
Als Sphären-Melodey.
Das Ohr der meisten Menschen ist,
Wie Eselsohr, gar groß;
Darum bedenk's, mein frommer Chrift,
Und werd kein — Virtuos.

stark und außerordentlich schwer. In *Variationen* hat er seines Gleichen nicht, denn er weiß einen gegebenen Satz aus dem Stegreif so
oft man will, und in allen Tönen umzuändern. Seine Faust hat
Glanz und Flug, und sein Fingersatz ist unverbesserlich. Seine Fer-
men und Cadenzen sind ganz neu, und niemand wird sie ihm so bald
nachmachen.

„Den *doppelten Triller* hat er ganz in seiner Gewalt. Sein Nerven-
system ist stark – ohne dadurch etwas an der Reitzbarkeit verloren
zu haben. Hierdurch ist er in Stand gesetzt worden, mehrere Concerte und Sonaten hinter einander weg zu spielen, ohne daß seine
Faust müde wird, oder gar lahm. – Dieser Umstand verdient um so
mehr angeführt zu werden, je mehr Virtuosen es heut zu Tage gibt,
die aus Schwäche der Nerven schon über dem ersten Concerte er-
müden. – Ausschweifungen in der *Wollust*, und Unmäßigkeit im
Trinken, auch *Zorn*, Mangel an Bewegung, zu langer Schlaf, Kaffeh,
stark gewürzte Speisen, haben diess den Virtuosen so höchst nach-
theilige Uebel hervorgebracht. Eckard's *Diät* verwahrt ihn davor;
daher wird er im sechzigsten Jahre gewiß noch mit jugendlicher
Kraft spielen können, wenn andere ausschweifende Virtuosen
schon im dreyßigsten und vierzigsten Jahre siechen. Eckard hat sehr
viel für das Clavier gesetzt: *Concerte, Fugen, Sonaten,* mit und ohne
Begleitung. Er versteht die Natur des Claviers vortrefflich: desshalb
verdienen seine Stücke die vorzüglichste Empfehlung. Die Sätze in
seinen Concerten sind oft so zauberisch schwer, dass sie nur die ge-
übteste Faust herausbringen kann. Eckard ist mit der linken Faust
so stark wie mit der rechten, darum gibt er in seinen Compositionen
der linken oft zu viel Arbeit. Auch seine Melodien sind einneh-
mend, ohne daß sie das Berlockengeklingel der Mode nachäffen.
Seine Modulationen und Harmonien sind freylich nicht so neu und
tief, wie die Bachischen; aber doch gründlich und naturgemäß. Wi-
der die Sitte seiner Zeitgenossen verstand auch Eckard die Kunst,
eine *Fuge* meisterhaft zu bearbeiten. (Ich habe eine Fuge von ihm in
Manuscript gesehen, die unter die besten und ersten Stücke dieser
jetzt so verkannten Schreibart gehört.)

„Eckard schreibt nicht mit dem Feuer eines Schoberts, ersetzt es
aber durch tiefe Gründlichkeit. Rousseau, dieser tiefe und musikalische Blicker, setzt einen *Eckard* den ersten Flügelspielern der Welt
an die Seite. – Die Art wie es Eckard zur Vollkommenheit brachte,
verdient sehr bemerkt zu werden. Er wählte zuerst einen *bekielten*
Flügel, um sich im simpeln Umriß zu üben, und seine Faust stark zu
machen: denn die Faust ermüdet viel früher auf einem Fortepiano
oder Clavicord. Nach mehrern Jahren spielte Eckard erst auf einem
Fortepiano, und endlich auf dem Clavicord, um Fleisch, Farbe und
Leben in sein Gemählde zu bringen. *Dadurch* ist Eckard der große
Mann geworden, den Frankreich und Deutschland in ihm bewun-
derten.

„Dieser Meister ist zugleich der erste Miniaturmahler in Paris; übt aber diese für die Augen so gefährliche Kunst nur selten aus."[40]

In dieser weitschweifigen und übertriebenen Beschreibung sind die Unwahrscheinlichkeiten augenfällig. Ob Schubart persönlich Eckard hat spielen hören ist nicht festzustellen, aber jedenfalls kaum anzunehmen. Er kann aber viel über ihn gehört haben, als er in den Jahren 1774 bis 1776 als Herausgeber der *Deutschen Chronik* in Augsburg wohnte, und dort könnte er auch die Fuge in Manuskript gesehen haben, die zweifellos aus Ekkards Studienzeit stammte. Das dürfte auch für die von Schubart erwähnten „Concerto's" gelten, die ebensowenig wie die kontrapunktischen Formen in Übereinstimmung zu bringen sind mit den später in Paris erschienenen Kompositionen Ekkards. Noch sonderbarer ist die Behauptung, Eckard habe sich als Klavierspieler zuerst auf einem Cembalo ausgebildet, sei danach auf das Pianoforte übergegangen und habe endlich das Clavichord gespielt, – eine Folge, die im Lichte der Entwicklung des Klavierspiels im 18. Jahrhundert leicht wiederlegt werden kann. Man hätte Robert Eitner eine zuverlässigere Quelle wünschen können, als sich für seinen auch bibliographisch mangelhaften Artikel über Eckard im *Quellenlexikon* vornehmlich auf Schubart zu stützen.

41

DIE MUSIKALISCHE UMWELT

Die fünfunddreißig Jahre zwischen Mozarts Geburt und seinem Tode umfassen fast genau eine Episode in der Geschichte des Pariser Musiklebens, die gekennzeichnet und begrenzt ist durch eine zunehmende Wertschätzung deutscher Musik. Das Eintreffen in Paris des Mannheimer Violinisten, Orchesterleiters und Komponisten Johann Stamitz im Jahre 1754 kann als Beginn dieser Episode betrachtet werden, die ihren mehr als nur symbolischen Abschluß fand, als 1794 einer der letzten in Paris beliebten deutschen Komponisten, Johann Friedrich Edelmann, sein Leben unter der Guillotine lassen mußte.

Im Wettstreit zwischen der französischen und italienische Musik, der das ganze 18. Jahrhundert hindurch das französische Musikleben beherrschte, blieb die deutsche Musik anfänglich ganz im Hintergrund. Um 1700 schienen nur wenige Franzosen zu wissen, daß es gleichzeitig auch in Deutschland eine blühende Musikkultur gab. So schrieb 1704 Lecerf de la Viéville herablassend über „les Allemands, dont la réputation n'est pas grande en musique",[41] und als im Jahre 1705 Pantaleon Hebenstreit am Hofe in Versailles mit dem von ihm verbesserten und von König Ludwig XIV „pantaléon" getauften Hackbrett (dem Vorläufer des Hammerklaviers) musizierte, empfand l'Abbé de Châteauneuf dieses Auftreten „d'autant plus digne de curiosité, qu'il venoit d'un pays peu sujet à produire des hommes de feu et de génie."[42] Erst 1737, als Telemann nach Paris kam und dort sehr gefeiert wurde, begann man auch in Frankreich die Bedeutung Deutschlands für die Entwicklung der Tonkunst zu erfassen.

Aber erst der Einfluß von Johann Stamitz hat in Paris eine wirkliche Kultivierung deutscher Musik in die Wege geleitet. In den Jahren 1755 bis 1765 eroberten Sinfonien der Mannheimer Komponisten Stamitz, Richter, Beck, Filtz und Cannabich einen wichtigen Platz in den Pariser Konzertprogrammen und Verlagskatalogen, und diesem Umstand ist es vor allem zuzuschreiben, daß in diesen Jahren und auch später so viele deutsche Musiker sich in der europäischen Metropole niedergelassen haben, um dort ihr Glück zu versuchen. Es kamen außer Ekkard und Schobert Künstler wie Franz Beck, Johann Friedrich Edelmann, Ernst Eichner, Christian Hochbrucker, Leontzi Honauer, Nikolaus Joseph Hüllmandel, Valentin Nicolai, Hermann Friedrich Raupach, Heinrich Joseph Rigel, Valentin Roeser, Johann Georg Sieber, Carl und Anton Stamitz, Daniel Gottlob Steibelt und viele andere. Noch 1778 setzte Leopold Mozart all seine Hoffnung auf Paris hinsichtlich einer finanziell gesicherten Stellung für seinen Sohn, wie der besorgte Brief an ihn vom 6. April bezeugt: „Könntest Du, wie Hañauer [= Honauer], wie der seel: Schobert x: von einem Prinzen in Paris einen monatl. Gehalt bekommen."[43] (Schobert war zeitlebens als Klavierspieler im Dienste des Prinzen de Conti, Honauer vermutlich in ähnlicher Funktion beim Prinzen de Rohan.) Alles überstrahlte schließlich der Ruhm, den Christoph Willibald Gluck sich in Paris erwarb; man hätte sich aber schon damals fragen können, ob es dem unbeugsamen Oberpfälzer ohne die Protektion seiner ehemaligen Schülerin Königin Marie Antoinette gelungen wäre, als Ausländer die altehrwürdige ›Tragédie lyrique‹ völlig zu renovieren!

Daß die deutsche Instrumentalmusik in Paris so mannigfaltig zur Geltung kommen konnte, war vor allem dem Konzertwesen zu verdanken, das sich seit der Gründung des *Concert spirituel* 1725 stürmisch entwickelt hatte. Das Concert spirituel wuchs trotz endloser Schwierigkeiten organisatorischer und finanzieller Art im Laufe der Jahre zu einem Nationalinstitut heran, ohne sich je ganz von der Vormundschaft befreien zu können, die die allmächtige, privilegierte *Académie Royale de Musique* (die von Lully gegründete Hofoper) auch auf das unbedeutendste Konkurrenzunternehmen ausübte. So war das Concert spirituel an eine vorgeschriebene Anzahl von Konzerten gebunden, deren Daten – nämlich die kirchlichen Festtage, an denen die Académie keine Opernvorstellungen gab – ebenfalls feststanden. Selbst in der Programmgestaltung war man nicht frei, da Lully's Erben ein Verbot hatten durchsetzen können, Vokalmusik mit französischem Text zur Aufführung zu bringen. Da aber Vokalmusik unentbehrlich war, mußte man sich auf die lateinische Motette beschränken, eine Kunstform, die in Paris noch gepflegt wurde, als sie überall sonst in Europa bereits als völlig veraltet galt. Komponisten wie De Lalande, Mondonville, Boismortier, Dauvergne, Gossec und Philidor haben ein umfangreiches Motettenrepertorium zusammengeschrieben, ohne jedoch die Schönheit von Pergolesi's *Stabat Mater* erreicht zu haben, dessen jährliche Aufführung seit 1753 bis zum Ende des 18. Jahrhunderts einen Höhepunkt der Konzertsaison bildete.

Der instrumentale Teil der Programme des Concert spituel bot in den ersten zwanzig Jahren seines Bestehens hauptsächlich Sonaten und Concertos, die dann in der Regel vom Komponisten selbst gespielt wurden. In dieser Zeitspanne wurden trotz heftigen Widerstandes die Violine und das Violoncell die zwei führenden Streichinstrumente anstelle der *Pardessus de Viole* und der *Basse de Viole*, die von den letzten Schülern von Marin Marais und Antoine Forqueray vergeblich verteidigt wurden. Die Entwicklung, von den italienischen Violinisten Corelli, Vivaldi und Geminiani in Gang gebracht, war nicht aufzuhalten; außerdem erforderte die ziemlich geräumige ›Salle des Suisses‹ in den Tuilerien, wo die Veranstaltungen des Concert spirituel stattfanden, eine größere Klangstärke als die älteren Instrumente mit ihrem intimen Timbre hervorzubringen vermochten, während in den Concertos die wachsende Bedeutung der ›Begleitung‹ ebenfalls zu neuen Klangverhältnissen führte. Daß damit eine Vergrößerung des Orchesters notwendig wurde, gab wiederum Anlaß zu Beschwerden; namentlich die ältere Generation machte sich Sorgen über „le goût du bruit", dem die jungen Leute sich hingaben. „Ce goût devient malheureusement si général, qu'on peut dire que le bon goût est fort gâté, et qu'à force de donner dans les difficultés, dans la bizarrerie et dans l'extravagance, sous prétexte de nouveauté, nous n'avons plus qu'un pas à faire pour tomber dans la barbarie."[44]

Die früheste Personalliste des Concert spirituel datiert von 1751 und enthält die Namen von 39 Chor- und 40 Orchestermitgliedern. Das Orchester umfaßte damals 18 Violinen, sechs Violoncelli, zwei Contrabässe, drei Flöten, zwei Oboen, zwei Fagotte, zwei Hörner, eine Trompte, sowie Pauken, Orgel und zwei Continuospieler. Drei Jahre später wurde diese Besetzung noch um zwei Klarinetten erweitert wegen des sinfonischen Repertoires, das seit 1748 ein immer wichtigerer Bestandteil des Pariser Konzertlebens wurde und zugleich die Eingangspforte bildete, durch die die deutsche Musik ihren Einzug in Frankreich halten konnte.

Die größte Anziehungskraft für das Publikum hatten aber die Solisten, deren Virtuosität auf den verschiedensten Instrumenten man bewundern konnte. Die Geiger genossen das größte Ansehen, wobei das Interesse vor allem auf die technische Perfektion gerichtet war, und Bezeichnungen wie „avec toute la justesse possible" oder „avec toute la précision imaginable" das höchste Lob ausdrückten.[45] In den ersten Jahren des Concert spirituel waren namentlich Baptiste Anet, Jacques Aubert, François Francoeur, Jean-Pierre Guignon, Jean-Marie Leclair, François Rebel und Jean-Baptiste Senaillié die anerkannten Meister auf der Violine; 1733 aber kam mit Francesco Lorenzo Somis (auch „Ardito" genannt) der erste bedeutende Rivale aus dem Ausland. In späteren Jahren sind immer wieder italienische Geiger in den Tuilerien aufgetreten, ohne aber dem Ruf der französischen Violinschule abträglich werden zu können.

Auch andere Instrumente wurden solistisch geschätzt: die Pardessus de viole und das Violoncell, die Flöte, die Oboe, das Fagott, die Trompete, später das Horn und die Klarinette; die Laute, die Gitarre, die Mandoline und die Harfe wurden ebensowenig verschmäht, wenn auch Darbietungen auf diesen Instrumenten Ausnahmen blieben, die eher kuriositätshalber gewürdigt wurden.

Daß das Clavecin im Mittelpunkt des Musizierens stand, braucht wohl kaum erörtert zu werden. Als Continuoinstrument verlor es zwar nach der Mitte des Jahrhunderts schnell an Bedeutung, anstelle dessen bekam es aber obligate Partien zugeteilt, ganz abgesehen von dem riesigen Repertoire an „Pièces de clavecin" und „Sonates", nicht nur für professionelle Musiker bestimmt, sondern immer mehr auch für die Dilettanten, die ihre Fertigkeit auf dem Klavier gerade an dieser Musik erproben konnten und dazu den Komponisten lukrative Aufträge verschafften. Die merkwürdige Tatsache, daß der Rivale und spätere Nachfolger des Clavecin, das Pianoforte, in Paris erst 1768 bei einem Concert spirituel zum ersten Mal öffentlich gehört werden konnte, erfordert eine gesonderte Behandlung im nächsten Kapitel.

Die Orgel dagegen wurde schon 1755 als konzertantes Instrument benutzt, als Claude Balbastre erstmalig in Frankreich ein Orgelkonzert mit Orchesterbegleitung komponierte und aufführte. Ein Jahr zuvor hatte Friedrich Wilhelm Marpurg in seiner *Nachricht von verschiedenen berühmten französischen Organisten und Clavieristen itziger Zeit* festgestellt: „Die Orgel steht in Frankreich in größerem Ansehen als vielleicht irgendwo",[46] und anschließend etwa fünfunddreißig Organisten (darunter viele, „die zugleich auf dem Flügel vortrefflich sind") mit Namen aufgeführt mit dem Zusatz: „Es finden sich unstreitig noch zwölfmahl so viel Organisten und Clavieristen zu Paris. Aber theils sind sie mir nicht bekannt, und theils gehören sie nicht zu der ersten und andren Classe."[47] Wir müssen dabei in Betracht ziehen, daß es damals in Paris, einer Stadt mit etwa einer halben Million Einwohner, mehr als hundert Kirchen, Abteien und Klöster gab.

›Wunderkinder‹ gehörten schon lange vor dem Auftreten des siebenjährigen Mozart zu den Attraktionen des Pariser Konzertlebens. Im Jahre 1741 spielten die Geiger Pierre Gaviniès und Joseph l'Abbé, 13 bzw. 14 Jahre alt, eine Sonate für zwei Violinen von Leclair; 1755 war es der 13jährige Cellist Jean-Baptiste Janson, der viel Aufsehen erregte, ebenso wie die Brüder Héricourt, 12 bzw. 13 Jahre alt, die jeder auf zwei (!) Flöten bliesen, und 1761 erschien schon ein erst 9jähriger Violinist, Isidor Bertheaume, auf dem Podium in der Salle des Suisses.

Das Concert spirituel hat besonders in den sechziger Jahren dem Virtuosentum ein Übergewicht in seiner Programmgestaltung zuteil werden lassen. Michel Brenet bringt für die Jahre 1762 bis 1771 eine in dieser Hinsicht vielsagende Aufzählung von Solisten (außer den regelmäßig auftretenden Geigern Gaviniès und Capron, den Cellisten Duport und Janson und dem Organisten Balbastre), und nennt nacheinander den Harfenisten Emming, den Organisten Legrand und dessen englischen Kollegen Burton, den Lautenisten Kohaut, den Geiger Leduc l'aîné, den Fagottisten Reiner, den Organisten Séjan, den Geiger Lolly, den Hornisten Rodolphe, den Harfenisten Hochbrucker und dessen 12jährige Schülerin Mlle Schencker, den blinden Violinisten Fridzeri, den Mandolinespieler Léone, die Geiger Abbé Robineau, Barthélemon und Manfredini, den Cellisten Boccherini (über den die *Mémoires secrets* urteilten: „Ses sons ont paru aigres aux oreilles et ses accords très peu harmonieux"), den Geiger Fraenzl, den Oboisten Besozzi, den 15jährigen Harfenspieler Hinner, den Geiger Cramer, den Fagottisten Eichner, die Geiger Traversa und Leduc le jeune, den Harfenisten Petrini, den Mandolinespieler Alday und den 9jährigen Organisten und Clavecinisten d'Arcy, – eine bunte Gesellschaft, die den musikalischen Geschmack der damaligen Konzertbesucher in Paris deutlich wiederspiegelt.

Die Virtuosen und der fragwürdige Gehalt ihrer Vortragsstücke haben den guten Ruf des Concert spirituel auf die Dauer immer mehr geschädigt. Das Institut, das „un objet de raillerie pour les vrais connaisseurs" genannt wurde,[48] geriet allmählich in Mißkredit, und erst 1773 gelang es einer neuen Direktion, bestehend aus den allgemein geschätzten Musikern Gaviniès, Leduc l'aîné und Gossec, das Unternehmen wieder in seriöse Bahnen zu lenken. Das Programm des Eröffnungskonzerts am 25. März 1773 enthielt hauptsächlich deutsche Musik: eine Symphonie von Toëschi, eine Motette von Joh. Chr. Bach und eine Symphonie concertante von Carl Stamitz. Außer diesen Komponisten kamen in den nachfolgenden Jahren besonders Carl Ditters von Dittersdorf und Joseph Haydn oft zu Gehör.

Die neue Programmgestaltung machte eine beträchtliche Vergrößerung des Orchesters erforderlich. Die Personalliste von 1775 verzeichnet 13 erste Violinen, 11 zweite Violinen, 4 Bratschen, 11 Violoncelli, 4 Contrabässe, 2 Flöten, 3 Oboen, 2 Klarinetten, 4 Fagotte, 2 Hörner, 2 Trompeten und Pauken, insgesamt 58 Musiker; der Chor bestand zur selben Zeit aus 55 Vokalisten, darunter 11 Solisten.

Auch jetzt fehlte es nicht an Klagen über den zu großen Lärm des Orchesters, besonders bei der Begleitung von Chorwerken. Noch 1782 machte Mercier über die Musiker des Concert spirituel die höhnische Bemerkung: „Ils croient toujours, que les voix sont faites pour accompagner leurs violons et leurs contrebasses. En vain le public leur crie qu'il n'entend point les paroles de leurs motets; rien ne les guérit de la manie françoise, qui veut que toute musique soit bruyante & confuse. On croiroit, qu'on ne peut remuer le cœur sans briser le tympan de l'oreille."[49] (Das Orchester der Opéra kam bei diesem bissigen Chronikschreiber noch schlechter weg, indem es verglichen wurde mit einem „vieux coche, trainé par des chevaux étiques, & conduit par un sourd de naissance". Und wegen der „musiciens en lunettes, que l'âge, la satiété, l'habitude ont rendu apathiques" nannte er es „une lourde masse sans aucune sorte de flexibilité".[50])

Wenn das Concert spirituel im damaligen Pariser Konzertleben ohne Konkurrenz gewesen wäre, hätte es sich um eine solche Kritik kaum zu kümmern brauchen; aber das war keineswegs der Fall. In den Jahren nach etwa 1770 sind in Paris neben den offiziellen und privaten Instituten zahlreiche Orchester mit mehr oder weniger großem Umfang gegründet worden, von denen das Concert spirituel das *Concert des Amateurs* am meisten zu fürchten hatte. Dieses Orchester stand seit 1769 unter der Leitung von Gossec und veranstaltete von Dezember bis März zwölf wöchentliche Konzerte im Hôtel de Soubise, dem 1705–09 erbauten Stadtpalais des Maréchal Charles de Rohan, Prince de Soubise et d'Epinay (der 1757 bei Rossbach von Friedrich dem Großen geschlagen wurde). Jedes Jahr wurden neue Programme zusammengestellt; die besten Solisten traten auf und viele Komponisten waren bestrebt, daß auf ihren gedruckten Parituren die Aufführungen beim Concert des Amateurs ebenso erwähnt wurden wie diejenigen beim Concert spiruel. In dieser Gesellschaft bemühte man sich, den Klassenunterschied zwischen den Berufsmusikern und den ›Amateurs‹ zu überwinden; Gossec, der später der offizielle Komponist der Révolution werden sollte, hat in der Widmung seiner 1780 gedruckten *Messe des Morts* die „noble distinction" gepriesen, mit der im Concert des Amateurs die Musiker behandelt wurden: „Elever l'âme des artistes c'est travailler à l'agrandissement des arts. Voilà ce que n'ont jamais senti ceux qui usurpent le titre de protecteurs, plus soigneux de l'âcheter que de le mériter."[51] Das Orchester (ein Chor fehlte) bestand aus Mitgliedern des Opernorchesters und der *Musique du Roi* und verfügte über die größte Besetzung, die es damals in Paris gab: 40 Violinen, 12 Violoncelli und 8 Contrabässe nebst der gebräuchlichen Anzahl von Bläsern.

Als Gossec 1773 die Leitung des Concert spiruel übernahm, wurde ›le Chevalier de Saint-Georges‹[52] sein Nachfolger beim Concert des Amateurs, das auch weiterhin seinen glänzenden Ruf behielt – „on sait que M. de Saint-George conduit chez M. le Prince de Soubise le meilleur orchestre pour les symphonies qu'il y ait à Paris, peut-être dans l'Europe"[53] –, bis es 1781 wegen finanziellen Bankrotts aufgelöst werden mußte. Das gesamte Orchester wurde dann übernommen vom *Concert de la Loge Olympique*, das zuerst im Palais Royal und seit 1786 in der ›Salle des Gardes‹ in den Tuilerien Konzerte veranstaltete und sich besonders dadurch verdient machte, daß es an Komponisten gut honorierte Aufträge erteilte, z.B. 1784 an Joseph Haydn, der für dieses Institut seine Symphonien Nr. 82 – 87 schrieb.

Von geringerer Bedeutung waren die *Société du Concert d'émulation*, die 1786 unter der Leitung der Violinisten Isidore Bertheaume und Jean-Jerôme Imbault einmal monatlich konzertierte, und die schon 1741 gegründete *Société académique des Enfants d'Apollon*, welche seit 1784 einmal im Jahr ein Konzert ausschließlich mit Kompositionen ihrer Mitglieder veranstaltete; beim Eröffnungskonzert am 27. Mai 1784 spielten Nicolas Séjan und Jean-Jacques Beauvarlet-Charpentier zusammen ein Stück für vier Hände „sur le même clavecin",[54] –

ein für Paris damals noch aufsehenerregendes Ereignis, obwohl Wolfgang und Nannerl Mozart bereits 1765 in London öffentlich vierhändig gespielt hatten.

Weiterhin kannte man seit 1769 Wohltätigkeitskonzerte, die anfänglich in vielen Fällen von Gaviniès organisiert wurden. Von 1777 datieren die *Concerts de bénéfice,* vergleichbar mit den heutigen ›Recitals‹, bei denen nahezu alle Solisten vom Concert spirituel auftraten. Das Concert spirituel selbst hatte es dagegen schwer, seinen eigenen Veranstaltungen Geltung zu verschaffen. Was den vokalen Teil der Programme anbelangt, so überwogen zunehmend italienische Kompositionen, und auch die Vokalisten waren meistens Italiener. Das instrumentale Virtuosentum stand beim Publikum nach wie vor in hoher Gunst, aber man beschwerte sich immer häufiger über die Sitte, daß die Solisten nur ihre eigenen, oft recht mittelmäßigen Kompositionen spielten. Auch die Ablehnung ›gelehrter Musik‹, von den Zuhörern während der Konzerte lautstark demonstriert, stellte die Direktion vor große Probleme. Die einfachste Musik war vielen noch unverständlich genug; nie hat die Redensart von der Einfachheit als Kennzeichen des Wahren mehr Beifall gefunden als in dieser Epoche, in der der musikalische Dilettantismus sich überall in adeligen und bürgerlichen Kreisen ausbreitete und in der man philosophierte: „Un des plus surs moyens pour faire goûter la musique instrumentale, c'est de la charger de peu de notes, & de n'y pas multiplier les difficultés d'exécution. Ce qui est pénible à faire, est rarement agréable à entendre."[55] So war der Kritiker des *Mercure de France* der Meinung, daß das Finale der Symphonie in D [KV 297/300a] von Mozart, die am 23. Mai 1779 im Concert spirituel aufgeführt worden war, wegen der „science de contrepoint" nur genießbar sei für „amateurs d'un genre de musique qui peut intéresser l'esprit, sans jamais aller au cœur."[56] Und als Jean-Joseph Rodolphe es wagte, eine Motette mit einer Chorfuge zu beschließen, wurde er getadelt für den Gebrauch von „un genre de musique digne des Goths, qui en sont les inventeurs".[57]

Dennoch wurden die traditionellen Programme bis zum Schluß beibehalten, und daß darin regelmäßig Symphonien von Haydn, Gossec, Sterkel, Cannabich, Toëschi, Reichardt, Cherubini, Rosetti, Pleyel u. a. enthalten waren, beweist Aufgeschlossenheit dem Ausland gegenüber und zugleich Mut, der Ablehnung bei dem konservativen Teil des Publikums zu trotzen. Auch den Verlust des Konzertsaals, in dem das Concert spirituel fast sechzig Jahre lang heimisch gewesen war – notwendig geworden, weil die königliche Familie 1784 wieder in die Tuilerien einzog und die Salle des Suisses beschlagnahmte –, hat das Institut überstanden, obwohl der neue Saal, die ›Salle des Machines‹ (ebenfalls in den Tuilerien), für das Musizieren weit weniger geeignet war. Erst die Revolution hat der Schöpfung Philidors ein endgültiges Ende bereitet.

Einen anderen Aspekt des öffentlichen Musiklebens in Paris schufen die Orgelkonzerte, die das ganze Jahrhundert hindurch in hohem Ansehen standen. Obwohl mit dem Niedergang der Schule der Clavecinisten, die fast alle auch ausgezeichnete Organisten waren, die Kompositionen für Orgel allmählich an Zahl und Wert abnahmen, blieb die Vorliebe für die Orgel als solistisches Instrument erhalten. Die Kirchen in Paris, in denen Organisten wie Daquin, Armand-Louis Couperin, Balbastre, Beauvarlet-Charpentier und Séjan an den kirchlichen Festtagen Orgelkonzerte gaben, wurden denn auch stark besucht. Eines der größten Ereignisse ist die Einweihung der neuen von Cliquot gebauten Orgel in der Sainte-Chapelle am 25. März 1771 gewesen, bei der nicht weniger als acht Organisten konzertierten. Und als 1781 die Kirche von St. Sulpice eingeweiht wurde, wobei Couperin, Séjan, Balbastre und Charpentier spielten, mußten Maßnahmen getroffen werden, um einen allzu großen Andrang des Publikums zu verhindern.

Während all diese öffentlichen Konzerte schließlich nur für die Wohlhabenden zugänglich waren, haben die Kleinbürger und Proletarier sich bis zur Revolution mit nur *einem* Konzert im Jahr begnügen müssen, und zwar mit dem Freiluftkonzert am 24. August, das die Académie Royale de Musique seit dem Ende der Regierung Ludwigs XIV. im Garten der Tuilerien veranstaltete, mit einem Feuerwerk als Krönung. Bis zum Ende der Monarchie ist dieses jährliche Freiluftkonzert, bei dem das Orchester der Opéra hauptsächlich „des plus belles symphonies des anciens maîtres français" aufführte,[58] eine feste Tradition geblieben, und 1790 ist selbst die Versöhnung zwischen Königtum und Revolution – sie sollte leider nur von kurzer Dauer sein – damit gefeiert worden. (Das Konzertwesen hat übrigens vom Königshaus nie eine Unterstützung bekommen. Zweimal – 1735 und 1740 – hat Maria Leczinska, die Gemahlin Ludwigs XV., das Concert spirituel im Palais de Versailles imitieren lassen, da es die Hofetikette der königlichen Familie nicht gestat-

50

tete, sich nach Paris zu begeben, um eine andere musikalische Veranstaltung als die der Académie Royale zu besuchen. Erst 1777 hat Marie Antoinette, seit drei Jahren Königin von Frankreich, auch diese Sitte durchbrochen, indem sie in den Tuilerien beim Concert spirituel erschien. Weiter aber hat sich das königliche Interesse für den Konzertsaal nicht erstreckt.)

Außer bei diesem einen Freiluftkonzert im Jahr hatte die Bevölkerung noch weitere Möglichkeiten, kostenlos Musik zu hören, z.B. wenn die Kapelle der Nationalgarde an schönen Sommerabenden über die Boulevards marschierte oder wenn eine Drehorgel erklang. Diese mechanischen Instrumente waren außerordentlich beliebt, so sehr, daß selbst ein Mercier für diese „musique ambulante" freundliche Worte fand: „Je pense que rien ne seroit plus propre à entretenir la bonne humeur parmi le peuple, que d'étendre & de perfectionner cette récréation innocente & publique, cette douce Euphonie."[59]

Mit der Zeit wurde das gesamte öffentliche Leben von Musik begleitet; in den *Wauxhalls*, bei den Volksfesten, in den Wirtshäusern und Gasthöfen, – überall und immer gab es Instrumentalmusik in größerer oder kleiner Besetzung zu hören, und diese Entwicklung schuf die Lebensmöglichkeiten für den immer wachsenden Zustrom an Musikern nach Paris.

Neben der öffentlichen Musikpflege hat es während des ganzen 18. Jahrhunderts ein privates Konzertleben in Paris gegeben wie nirgendwo sonst. Hauskonzerte, mit eignem Ensemble und eventuell auch namhaften Solisten, gehörten zu den gesellschaftlichen Verpflichtungen des Hochadels und reicher Finanziers, die mit solch kostspieligen Veranstaltungen ihr Ansehen und ihre Einflußmöglichkeiten vergrößerten und damit auch die bescheidener Situierten zu ähnlichen Musikabenden anregten. Nicht jedermann konnte seine Konzerte so großzügig gestalten wie Antoine Crozat, „trésorier de l'Ordre", der 1726 über eine Hauskapelle von 18 Instrumentalisten und 2 Sängerinnen verfügen konnte, mit der er wöchentlich zweimal in den Tuilerien ausschließlich italienische Musik aufführte; der Regent, Philippe d'Orléans, war des öfteren Zuhörer bei Crozat, und eine geistliche Kapazität wie der Internuntius erachtete es nicht unter seiner Würde, bei einem solchen Konzert die Laute zu spielen.[60] Zwischen dem Adel und dem reichen Bürgertum entstand eine Art von Wettstreit im Veranstalten von Hauskonzerten, und so kam Paris in den Ruf, eine musikalische Kultur zu besitzen, die nicht nur auf die höchsten Kreise beschränkt sei.

Diese Anerkennung war allerdings nicht ungeteilt. Einer Auffassung wie die von De Jèze aus dem Jahre 1765 („Rien n'est plus capable de perfectionner l'article de l'éducation agréable [...] que la fréquentation des Concerts particuliers qui se donnent à Paris"[61]) steht die skeptische Meinung von Ancelet gegenüber, der einige Jahre früher eine ziemlich ironische Beschreibung solcher Konzerte gegeben hat:

„Quant aux Concerts particuliers, ils forment des assemblées composées d'une grande quantité de gens désœuvrés, & d'un petit nombre de connoisseurs; les Dames en font l'ornement, & donnent de l'émulation aux Acteurs. Plusieurs d'entr'elles sont en état de juger les talens, & même de prononcer; la plus grande quantité aussi n'y viennent que pour s'amuser, causer, & s'y montrer. Un grand nombre de jeunes gens inconsidérés, qui n'ont pour objet que l'assemblée, viennent s'y faire voir, & blâment par air ce qu'il faudroit applaudir.

„Les pères & mères y menent leurs enfans, pour leur procurer une certaine hardiesse & confiance, si nécessaires pour exécuter ou chanter en public; ils veulent aussi jouir des dépenses qu'ils ont faites pour leur éducation. On est assommé par ces talens naissans, de Sonates & de Cantatilles, que l'on est forcé d'applaudir pour plaire aux parens... A peine les gens qui ont un vrai talent ont-ils le tems de se faire entendre.

„Chaque maison a son Musicien favori: ce sont eux qui donnent le ton; leurs écoliers sont entêtés de leurs productions, tous les pupitres en sont garnis; le maître de la maison n'est occupé qu'à vanter leurs ouvrages, & d'en procurer des exemplaires à ceux qui ont la complaisance d'en acheter. L'on termine le concert par une pièce de clavecin usée: les auditeurs pâtissent, l'ennui gagne, on baille, on fait la révérence, & l'on sort."[62]

Und wenn dieses Urteil auch anfechtbar war – De Maisoncelle hat Ancelet vorgeworfen, „qu'il oublie même ce qu'on doit à la Société, il veut lui retrancher ses plaisirs les plus innocens"[63] –, es gibt immerhin zahlreiche Anzeichen dafür, daß der musikalische Geschmack des Parisers im 18. Jahrhundert (wie auch im 19. Jh.) im allgemeinen nur ganz oberflächlich gewesen ist und gewöhnlich mehr durch Snobismus als durch Musikalität bestimmt wurde.

Wie dem auch sei – ohne die Privatkonzerte würde die Entwicklung der Instrumentalmusik in Frankreich einen ganz anderen Verlauf genommen haben, und das gilt insbesondere für die Veranstaltungen des merkwürdigen Mäzens Alexandre-Jean-Joseph Le Riche de la Pouplinière, die zwischen etwa 1730 und 1760 alle derartigen Unternehmen in den Schatten stellten. Man kann durchaus sagen, daß der deutsche Einfluß auf das musikalische Frankreich während der zweiten Hälfte des 18. Jahrhunderts zurückzuführen ist auf die Initiative von La Pouplinière, denn er war es, der 1754 Johann Stamitz nach Paris holte, als Rameau seine seit mehr als 20 Jahren ausgeübte Tätigkeit als Leiter seines Orchesters beendete. Die Konzerte von La Pouplinière fanden statt im Château de Passy, auf halbem Wege zwischen Paris und Saint-Cloud, wo der steinreiche Steuerpächter wie ein orientalischer Fürst residierte, ein dankbares Objekt für die Chronique scandaleuse seiner Zeit, aber als Schutzherr für die Kunst ein Grandseigneur, wie selbst das 18. Jahrhundert nur ganz wenige gekannt hat. Nicht zu Unrecht schrieb Ancelet 1757: „Les Musiciens en général doivent être pénétrés de reconnaissance envers Mr. D.L.P. [De La Pouplinière]. Il a toujours été le protecteur des Arts, & le citoyen qui a fait le mieux les honneurs de la France, en accordant généreusement des secours & sa protection, non seulement aux François, mais encore aux Etrangers qui ont paru avec des talens distingués."[64] Und als er, 69 Jahre alt, im Dezember 1762 starb, bezeugte Grimm: „C'était un homme célèbre à Paris; sa maison était le réceptacle de tous les états. Gens de la cour, gens du monde, gens de lettres, artistes, acteurs, actrices, filles de joie, tout y était rassemblé. On appelait la maison une ménagerie et le maître le sultan. Ce sultan était sujet à l'ennuie; mais c'etait d'ailleurs un homme d'esprit. Il a fait beaucoup de bien dans sa vie et il lui en faut savoir gré, sans examiner si c'est le faste ou la bienfaisance qui l'y a porté."[65]

Als Stamitz seinen Dienst bei La Pouplinière antrat, fand er ein vollständiges Orchester vor, mit Waldhörnern und Klarinetten; sein Einfluß als Reformator der Orchesterbesetzung in Frankreich war also weniger groß, als Gossec später behauptet hat,[66] denn Rameau hatte schon 1748 die Waldhörner eingeführt – vermutlich für die Aufführung einer *Symphonie à cors de chasse* von Guignon –, und seit 1751 hatte er auch Klarinetten verwendet.[67] In diesem Jahr war beim Concert spirituel zum erstenmal „une symphonie a tymballes, trompettes et cors de chasse de la composition de M. Stamitz, directeur de la Musique de S. A. Electorale Palatine" gespielt worden, womit der Komponist schlagartig ein berühmter Mann in Paris wurde. Drei Jahre später erschien er selbst auf dem Podium in der Salle des Suisses, um ein Violinkonzert und eine Sonate für Viola d'amore (beides eigene Kompositionen) vorzutragen; die Besucher dieses Konzerts sahen in ihm hauptsächlich den Virtuosen, bei La Pouplinière dagegen wurde er in erster Linie als Komponist geschätzt, sowohl wegen seiner Symphonien und Concertos als auch wegen der „menuets", „Contredanses", „allemandes" und „valses" [!], die er für die Tanzfeste des Mäzens schrieb.[68]

Diese Bewertung wird in den an den Hof in Mannheim gerichteten *Nouvelles littéraires historiques et politiques* vom Februar 1755 nachdrücklich bestätigt: „Le Concert où préside le Sr. Stamitz, premier violon de S.A.S. et Electorale palatine, est le plus estimé graces a ce musicien qui est très-habile dans sa patrie, encore plus pour la composition, et qui a un talent unique pour faire exécuter. C'est le jugement qu'en portent les connoisseurs de cette capitale."[69]

Lange ist Stamitz übrigens nicht in Passy geblieben; im Herbst 1755 ist er nach Mannheim zurückgekehrt. Gossec, der 1752 nach Paris gekommen war und als Geiger im Orchester mitwirkte, wurde sein Nachfolger.

Da von den Konzerten keine Programme aufgefunden werden konnten, ist zu vermuten, daß der Dirigent jedesmal eine Reihe von Stimmen auf die Pulte legen ließ, genug, um jedenfalls die vorgeschriebene Zeitspanne auszufüllen, und daß die Zuhörer vorher nicht wußten, was gespielt werden würde. Fest steht aber, daß das Repertoire von La Pouplinière immer wieder mit neuen und wichtigen Werken (die das Concert spirituel bald darauf nachspielte) erweitert wurde. Wenn man in Erwägung zieht, daß die Konzerte in Passy mindestens zweimal wöchentlich stattfanden, so kann man die Aktivität und das Interesse, die dort zur Auswirkung kamen, nur um so höher einschätzen.

Was sich dieser großzügige Musikliebhaber sein Orchester hat kosten lassen, ist zu ermessen an dem *Etat des appointements dus à M.M. les Musiciens de feu M. de la Pouplinière pour les mois novembre et décembre 1762*, der ein eindrucksvolles Bild vom Haushalt eines solchen Privatorchester geben kann.[70] Im Todesjahr von La Pouplinière bestand das Orchester aus 17 Musikern – 1 Sologeige, 2 ersten Violinen, 2 zweiten Violinen, 1 Violoncello, 1 Contrabaß, 1 Flöte, 1 Oboe, 2 Klarinetten, 1 Fagott, 2 Hörnern, 2 Harfen und Clavecin. Für dieses Ensemble wurden jährlich etwa 20.000 livres ausgegeben, ein Betrag, der mit den Kosten für den Ankauf von Musikalien, Honorare für Solisten usw. etwa zu verdoppeln sein dürfte.

Andere Veranstalter von Hauskonzerten – De Jèze's *Etat ou Tableau de la ville de Paris* (1759) verzeichnet die Privatiers, die im Winter „des concerts réglés" gaben[71] – mußten sich mit geringerem Aufwand begnügen, sogar der Prince de Conti (Louis-François de Bourbon), der nach dem Tode von La Pouplinière die wichtigsten Musikabende organisierte (an jedem Montagabend während der Wintersaison) und über die besten Kräfte, wie Gossec und Schobert, verfügte. Der Herzog von Aiguillon (Emanuel-Armand de Vignerod-Richelieu), der einflußreiche Minister Ludwigs XV. und Günstling der Madame Dubarry, veranstaltete in seinem Palast Konzerte, deren Repertoire aus dem erhalten gebliebenen Katalog seiner Musikbibliothek rekonstruiert werden kann;[72] es enthielt Instrumental- und Vokalmusik in allen gebräuchlichen Besetzungen (Motetten, Opernfragmente, Kantaten, Symphonien), von denen etliche speziell für diese Konzerte komponiert worden sind. Um die gleiche Zeit gab der Graf d'Alvaret „de petits concerts délicieux", die nur „pour la meilleure compagnie" zugänglich waren.[73] Der Maréchal de Noailles hatte als Dirigenten Carl Stamitz engagiert, dessen Symphonies concertantes in den Jahren 1770 – 80 großen Anklang fanden.

Eine Kuriosität an sich waren ›Baron de Bagge‹ und seine Konzerte. Dieser reiche Dilettant gab sich als Schüler Tartinis aus und wollte als Violinvirtuose anerkennt werden, machte sich jedoch mit seinem Spiel immer wieder lächerlich. Michael Kelly, der ihm 1784 in Wien begegnete, nannte ihn einen „discordant idiot" und sein Spiel „as bad as any blind fiddler's at a wake in a country town in Ireland",[74] und Ludwig Gerber stellt fest, daß „die eigene Art", mit der Bagge „die Violine traktierte" darin bestand, „daß er mit einem und dem nämlichen Finger auf der Saite herauf und herunter glitt."[75] Carl Ernst Baron von Bagge (1728 – 1791) stammte aus Kurland und besaß dort ausgedehnte Güter, hatte aber seit 1750 seinen ständigen Wohnsitz in Paris. Durch seine eitlen Prätentionen wurde er zu einer legendären Erscheinung, die u. a. in der komischen Oper *La Mélomanie* von Stanislaus Champein (1781) und in der Erzählung *Der Baron von B.* von E. T. A. Hoffmann (1819) verewigt worden ist. Ebenso sprichwörtlich wie seine Eitelkeit waren aber auch seine Freigebigkeit und seine Gastfreundlichkeit. Außerdem besaß er eine der größten Streichinstrumente-Sammlungen, die es im 18. Jahrhundert gegeben hat, und er war bestimmt der einzige, der seine kostbarsten Instrumente ohne Bedenken auszuleihen pflegte.

Leopold Mozart, der bei seinem Aufenthalt in Paris 1763–64 nicht vergeblich an von Bagge's Hilfsbereitschaft appellierte, hat in seinem Brief an Wolfgang vom 28. Febr. – 2. März 1778 „aigens eine Schilderung von Baron Bache oder Bagge /: ich weis selbst nicht wie er sich schreibt:/" gegeben in der Hoffnung, daß der Sohn sich mit dem „passionierten Liebhaber der Musik", wie er ihn nennt, in Verbindung setzen werde.˙

„Er hat immer Concerten in seinem Hause gegeben, und giebt sie vielleicht noch, dazu hatte er immer einige Leute, als 2 Waldhornisten /: darunter war Henno :/ 2 Hautboisten, einen Contrabaß etc: die er für allzeit bezahlte, ihnen aber wenig gab, sie konnten es aber thun, weil es etwas beständiges ist. Im übrigen behalf er sich mit allen den fremden Virtuosen, die alle zu ihm kamen, da sie in einer fremden Statt bey ihm sich Raths erhohlen und in fernere Bekanntschaften kommen konnten. Selbst die Pariser Virtuosen kommen öfters hin, einige, wenn sie etwas neues haben, solches alda probieren zu können, andere um fremde Musikstücke alda zu hören, weil er sich sehr um neue musikalien bewierbt, und endlich kommen sie auch um Gelegenheit zu haben, neue fremde angekommene Virtuosen zu hören."[76]

Anscheinend hat Wolfgang ihn damals nicht besucht. Am 31. Oktober 1784 jedoch hat von Bagge mitgewirkt bei „einer kleinen Hausmusik", die Mozart anläßlich seines Namenstages in Wien veranstaltete, bei der auch seine Schülerinnen ihr Können zeigen konnten. Mozart schrieb darüber belustigt an seinen Vater: „da gabs erstaunlich zu lachen, indem er sich auf der Violin produciert und auch sogar von dem Kayser hat auslachen lassen."[77] Gerber berichtet, daß man im Hause des Barons jeden Vormittag musizierte; dabei wurden seine eigenen Kompositionen sicher nicht vernachlässigt, was er schon damit rechtfertigen konnte, daß sein zweites *Concerto de violon à plusieurs instruments* 1783 beim Concert spirituel, von dem damals 17jährigen Rodolphe Kreutzer gespielt, großen Beifall erhielt. Von seinen Werken sind u. a. vier Violinkonzerte, sechs Streichquartette und sechs Streichtrios in Druckausgaben erhalten geblieben, die mehr Talent und Geschick verraten, als man zu erwarten geneigt ist.[78]

Jedenfalls hat Bagge sich um das Pariser Musikleben sehr verdient gemacht; seine Konzerte wurden wegen ihrer Programme und ihrer Solisten vom Concert spirituel ebenso nachgeahmt, wie früher diejenigen von La Pouplinière. Im Laufe der Jahre gruppierten sich um Bagge Geiger und Cellisten wie Gossec, Gaviniès, Capron, Duport, zeitweilig auch Geminiani, Manfredini, Boccherini und Jarnowick, und schließlich Viotti, der 1781 nach Paris kam und alle Kollegen in den Schatten stellte. Die *Tablettes de Renommée* konnten dann auch 1785 mit Recht feststellen: „Le baron de Bagge, Amateur, tient tous les Vendretis en son hôtel, pendant l'hiver, un des plus beaux Concerto particulier de cette Capitale. Il s'y fait un plaisir d'admettre tous les Virtuoses étrangers & amateurs, qui désirent débuter en cette Capitale, ou s'y faire connoître par leurs talens."[79]

★

Die oben erwähnten öffentlichen und privaten Konzerte bilden nur einen Bruchteil der musikalischen Aktivitäten in Paris während der Jahre 1760 bis 1790. Die verschiedenen periodischen Schriften, die insbesondere nach etwa 1770 in großer Anzahl erschienen (aber in den meisten Fällen nach einigen Jahren wieder verschwanden), geben ausführliche Nachrichten über alles, was sich damals auf musikalischem Gebiete in Paris abspielte, so vor allem die Almanache, die sich oft zu kompletten Adreßbüchern auswuchsen. Der *Almanach Musical* auf das Jahr 1775 z. B. benötigt mehr als 50 Seiten zur Aufzählung sämtlicher in der französischen Hauptstadt tätigen Musiker.[80] Die Namen der Komponisten und Instrumentalisten (die Vokalisten können im Rahmen dieser Studie außer acht gelassen werden) sind auf dieser in ihrem Umfang geradezu beängstigenden Liste über verschiedene Rubriken verteilt: *Auteurs ou Compositeurs de Musique, Organistes, Maîtres de Composition* („On peut ajouter à cette liste plusieurs de M. M. des compositeurs qui veulent bien donner des leçons de leur art, et la plûpart des maîtres de clavecin") und *Maîtres d'Instruments* (Violine, Pardessus de Viole, Violoncell, Kontrabaß, Clavecin und Pianoforte, Harfe, Fagott, Dudelsack, Serpent, Flöte, Oboe, Klarinette, Waldhorn, Trompete, Pauken, Tamburine, Mandoline, Gitarre, Cythare, Bissex,[81] Tympanon, Psalterium und Vielle).

Unter den 57 „Maîtres de Clavecin et Pianoforte" taucht der Name „Eckaer" auf (also nicht unter den 72 „Auteurs ou Compositeurs", im Gegensatz zu „Honaver"!). Daß zu den 67 Organisten nicht weniger als 19 Frauen gehören, ist aus der Anzahl der im damaligen Paris vorhandenen Nonnenklöster erklärlich; aber auch in anderen Rubriken werden weibliche Berufsmusiker erwähnt, vor allem bei den Clavecinisten, doch ebenfalls bei den Komponisten, wo man die Namen „Mlle Péan" und „Mlle Rosalie de la Roche" antrifft.

Bis zur Revolution hat sich diese große Anzahl von Musikern kaum geändert. In den *Tablettes de renommée des musiciens* von 1785 hat die lexikographische Liste etwa den gleichen Umfang (und größtenteils die gleichen Namen) wie die obengenannte, und der von Nicolas-Etienne Framery 1789 herausgegebene *Calendrier musical universel* kommt schließlich zu einer Gesamtzahl von mehr als 500 Namen von Musikern (nur für Paris!), zu der noch etwa 100 Instrumentenmacher hinzuzuzählen sind.

Wir müssen annehmen, daß diese Hunderte von Musikern imstande gewesen sind, sich eine zumindest erträgliche Existenz aufzubauen, denn sonst würden sie wohl ausgewandert sein oder sich wenigstens in die Provinz abgesetzt haben. Andererseits kann man sich vorstellen, daß es einem charaktervollen Genie wie Mozart nicht gelingen konnte, sich in diesem Milieu ohne die mächtigste Protektion (wie Gluck sie hatte) zu behaupten. Grimm hatte sicher recht, als er in seinem Brief an Leopold Mozart vom 27. Juli 1778 den 22jährigen Wolfgang „zu treuherzig" nannte, „peu actif, trop aisé à attraper, trop peu occupé des moyens, qui peuvent conduire à la fortune, ici. [...] Dans un pays où tant de musiciens médiocres et détestables même ont fait des fortunes immenses, je crains fort que Mr: Votre Fils ne se tira pas seulement d'affaire."[82] Zu diesen „mittelmäßigen und verabscheuungswürdigen Musikern" wird der junge Mozart zweifellos die beiden Söhne von Johann Stamitz, Carl und Anton, gerechnet haben, die in seinen Briefen an den Vater schroff abgelehnt werden: „Das sind 2 elende Notenschmierer – und spieller, Säuffer und hurrer – das sind keine Leute für mich."[83] Grimm zufolge hätte es in Paris für Wolfgang nur zwei Existenzmöglichkeiten gegeben, die er in dem obengenannten Brief an Leopold erläutert: sich entweder ausschließlich dem Komponieren zu widmen („mais en ce pays ci le gros du public ne se connait pas en musique. On donne par conséquent tout aux noms, et le mérite de l'ouvrage ne peut être jugé que par un très petit nombre"), oder den anderen Weg zu wählen, „c'est de donner des Leçons de Clavecin; mais sans compter qu'on n'a des écoliers qu'avec beaucoup d'activité et même de charlatanerie, je ne sais s'il aurait assez de santé pour soutenir ce métier, car c'est une chose très fatigante de courir les quatre coins de Paris et de s'épuiser à parler pour montrer."[84]

Den letzteren Weg aber muß unser Eckard eingeschlagen haben. Seine Gesundheit dürfte diesem ermüdenden Métier gewachsen gewesen sein: man stelle sich vor, was es bedeutete, in Paris mit seinen damals meist ungepflasterten Straßen und völligem Mangel an öffentlichen Verkehrsmitteln Tag für Tag herumlaufen zu müssen und schließlich die drei Treppen bis zu seiner Wohnung in der Rue d'Anjou auch noch im 75. Lebensjahr zu bewältigen. Sicherlich hat er sich dabei keine „immenses fortunes" erwerben, wohl aber doch einen gehobenen Lebensstandard erreichen können.

DER MUSIKVERLAG

Das Pariser Konzertleben hätte in der zweiten Hälfte des 18. Jahrhunderts nicht einen zahlenmäßig derart mächtigen Aufschwung nehmen können, wenn es keine Unterstützung gefunden hätte durch den Pariser Musikverlag, der in dieser Epoche eine zentrale Position in Europa eingenommen hat, denn er beschränkte sich keineswegs auf Frankreich, sondern war ebenso an italienischer, deutscher oder böhmischer Musik interessiert. Die Pariser Editionen nahmen ihren Weg durch ganz Europa und hatten häufig die unvorteilhafte Ehre, im Ausland nachgedruckt zu werden. Im Anfang ließen die Komponisten ihre Werke oft auf eigene Kosten drucken und nahmen entweder selbst den Verkauf in die Hand („chez l'auteur") oder beauftragten damit einen etablierten Buch- oder Musikalienhändler („aux adresse ordinaires"). Allmählich aber nahm eine dritte Kategorie, die Verleger, das Geschäft in die Hand; sie kamen für die Druckkosten auf, ließen die Komponisten an den eventuellen Gewinnen teilhaben oder machten sich mit einer Abfindungssumme von ihnen unabhängig. Zu den ersten Musikverlegern gehörten François Boivin, Nicolas Chédeville, Michel

Corrette, Jean Le Clerc, Jean-Baptiste Venier und Louis-Baltha-sar De La Chevardière; in den Jahren nach etwa 1755 erweiterte sich die Liste, u. a. mit den Namen Antoine Huberty, Christoph Le Menu, François Moria, Jean-Jacques Sieber, Jean-Baptiste Miroglio, Antoine Bailleux, Jacques-Georges Cousineau, Simon und Pierre Le Duc, Le Marchand, F. de Roullède, Charles-Georges Boyer und Jean-Jérôme Imbault.

Wer unter dem ›Ancien Régime‹ Bücher oder Musik drucken wollte, versuchte meistens das ›Privilège du Roy‹ zu bekommen, durch das laut Gesetz vom 20. Dezember 1649 anderen verboten wurde, die Werke innerhalb einer bestimmten Frist nachzudrucken. Diese Privilegien sind seit 1653 registriert, und damit besitzen wir ein nützliches Hilfsmittel für die Datierung der Publikationen, auf die sie Bezug nehmen. Es ist das große Verdienst von Michel Brenet (Pseudonym von Antoinette-Christine-Marie Bobillier, 1858 – 1918) gewesen, dies als erste erkannt zu haben, als sie auf den Gedanken kam, die für Musikausgaben erteilten Privilegien aus den Registern herauszuheben und gesondert zu publizieren.[85] (Diese Übersicht, die Georges Cucuel noch ergänzt hat,[86] ist in der nachfolgenden Skizze der Entwicklung des musikalischen Verlagswesens in Paris dankbar benutzt worden.)

Da aber das Privileg für Musikdrucke erst seit 1786 obligatorisch war, können die Register allein kein vollständiges Bild geben. Man muß dazu auch die Verlagskataloge nachprüfen, die oft in den Musikalien selbst mit abgedruckt worden sind und jedenfalls in die periodischen Schriften über Musik (sogar in eine allgemeine Zeitschrift wie den *Mercure de France*) aufgenommen wurden. Der Umstand, daß die Verlage häufig den Besitzer und dabei auch den Namen wechselten, bringt wieder Komplikationen mit sich, insbesondere was die Chronologie anbelangt, die auch von den ausgezeichneten Bibliographen Cecil Hopkinson und Cari Johansson nur teilweise gelöst werden konnten.[87]

Aus dem jetzt zur Verfügung stehenden Material kann mit Sicherheit festgestellt werden, daß die Pariser Musikverlage im 18. Jahrhundert das Konzertrepertoire exakt erfaßt haben. Sie introduzierten die ausländischen Komponisten fast gleichzeitig, ergriffen dabei oft die Initiative oder folgten schnell den Konzertgebern nach. Schon im April 1736, ein Jahr bevor Telemann nach Paris kam, hatte Le Clerc ein Privileg für die Herausgabe von fünf seiner Werke beantragt und gleichzeitig für „tout

Corelli, douze œuvres de Vivaldi, neuf œuvres de Valentini, deux livres de pièces de clavecin et un livre solo de Hendel."[88] Die italienischen Meister hatten schon seit 1708, als Charlotte Massard de la Tour ein Privileg für „les Sonnates de Corelli" erhielt, ihren festen Platz im Pariser Musikverlag; von den Deutschen war Quantz der erste, dessen Name in den Privilegregistern aufgezeichnet wurde, als François Boivin 1729 die Genehmigung erhielt, „plusieurs sonates italiens de la composition du Sr. Quouance [sic]" zu drucken.

Bis zur Mitte des 18. Jahrhunderts sind die Editionen von italienischer Instrumentalmusik immer zahlreicher geworden. Schon 1739 war sie in Frankreich offenbar populär genug, daß der Verleger Nicolas Chédeville es wagen konnte, ein Privileg zu beantragen für „plusieurs ouvrages intitulés le Printemps de Vivaldy, Concerto, et autres concerto et sonates choisis de tous les auteurs italiens, et même d'extraire dans les quatorze œuvres de Vivaldy, les dix d'Albinony, les dix de Valentiny, les six de Corelly, les deux de Veraciny, les trois de Tessariny, les trois de Locatelly, les quatre de Quantz, les deux de Brevio, les deux de Mahault, les trois de Tartiny, les deux de Scarlaty, pour accomoder, transposer et les ajuster d'une manière facile à pouvoir être exécutée sur la Musette, Viele ou flutte avec accompagnement de violons et basse". Ein anderes Kollektivprivileg, das im Januar 1751 Le Clerc verliehen wurde, umfaßte Instrumentalwerke der italienischen Komponisten dell'Abaco, Albinoni, Angelini, Gallo, Besozzi, Boni, Brioschi, Brivio, Corelli, Cervetto, Cavallari, Costanzi, Sant'Angelo, dall'Oglio, Marcello, Miroglio, Merchi, Morri, Patoni, Paganelli, Porpora, De Santis, Somis, Domenico Scarlatti, Tartini, Temanza, Tessarini, Tortoriti, Vivaldi, Valentini, Veracini und Zani, und von diesen Namen waren nur wenige zuvor in die Privilegregister aufgenommen worden.

Die deutsche Expansion hat sich, genau wie in der französischen Musikpraxis, langsamer vollzogen. Im Februar 1738 gab Georg Philipp Telemann während seines Aufenthalts in Paris seine *Nouveaux quatuors en dix Suites* selbst auf Subskription heraus, und im gleichen Jahr erhielt Le Clerc ein Privileg, das u. a. Werke von Händel, Hasse und Quantz gegen Nachdruck schützen sollte.[89] Ein Jahr später ließ Michel Corrette ebenfalls Werke von Händel erscheinen. Danach wurde aber erst 1744 wieder ein Privileg für deutsche Musik beantragt, und zwar für „douze symphonies en deux œuvres du seigneur Richter, douze concerto's du seigneur Hasse à une flûte traversière, douze du seigneur Rezell, aussy à une flûte traversière." Wieder vergingen fünf Jahre ohne Publikationen deutscher Musik, bis 1749 die Namen Handel, Burgess, Hasse „et autres auteurs anglois [!]" im Privilegregister eingeschrieben wurden. In dem schon genannten Kollektivprivileg von Le Clerc von 1751 ist die deutsche Musik vertreten durch Camerloher, Cannabich, Forster, Fritz, Gottwald, Gronemann, Händel, Hasse, Klein, Pichler, Quantz, Schmitz und Telemann. Auch der niederländische Komponist Willem de Fesch wird in diesem Register erwähnt; ihm vorausgegangenen war 1742 J.W.Lustig, „organiste de Groningue".

Nachdem man in Frankreich von den Mannheimer Symphonikern zuerst Richter und danach Cannabich durch ihre gedruckten Kompositionen hatte kennen lernen können, folgte 1755 Johann Stamitz selbst mit *Six Sonates à trois parties concertantes qui sont faites pour exécuter ou à trois, ou avec toutes* [sic] *l'orchestre* [Opus I], und damit begann die deutsche Instrumentalmusik sich im französischen Musikverlag endgültig durchzusetzen. Im Jahre 1757 wurde Stamitz' Opus II im *Mercure de France* wie folgt angekündigt: „Le Sieur Stamitz, directeur de la Musique de l'Electeur Palatin, et dont le talent est si célèbre, vient de mettre au jour six Symphonies nouvelles à quatre parties. L'accueil favorable que le Public a bien voulu faire à son livre de trios, œuvre premier, l'a encouragé à lui donner un second ouvrage."[90] Im selben Jahr erschien bei Huberty „musique instrumentale" von Wagenseil, Stamitz (*Six Symphonies à quatre parties obligées avec les cors de chasse ad libitum, œuvre III*), Holzbauer (Opus II) und Filtz (Opus II), und nochmals „plusieurs pièces de musique instrumentale" von Wagenseil.[91] Ein Jahr später kündigte der *Mercure de France* die sechs Ouvertüren Opus I von Beck an,[92] 1760 sechs Symphonien von Richter im Verlag von Venier,[93] während De La Chevardière eine Reihe Symphonien von Filtz und anderen Ausländern publizierte.

Die deutsche Musik nahm auch einen breiten Raum ein in den 14 Bänden mit je sechs *Sinfonie a più stromenti composte da vari autori*, die Venier zwischen 1755 und 1765 veröffentlichte. Zwar war Band I noch überwiegend italienisch (Brivio, Giulini, San Martino, Porpora, Allessandro und Hasse), aber schon Band II enthielt Symphonien von Hasse, Graun und Holzbauer, Band V zwei von Wagenseil und eine von Camerloher. Im Band VI ist Wagenseil wieder enthalten, diesmal gemeinsam mit Holzbauer, ebenso im Band VIII. Im Band VII ist Wagenseil mit zwei Symphonien vertreten. In den Band IX (1757) wurde eine Symphonie „del Sigr. Beck" aufgenommen, doch in diesem Fall hat die verwirrende Ähnlichkeit mit dem Namen „Back" dem Stecher einen Streich gespielt; es handelt sich nämlich, wie G. de Saint-Foix 1932 nachgewiesen hat,[94] um eine Symphonie von Johann Christian Bach, die erste von ihm, die in Paris gedruckt worden ist. Der Band X von Venier brachte 1758 Symphonien von Richter (zwei), Beck, Wagenseil und Holzbauer, der XI. von 1760 (der mit dem vielsagenden Untertitel *La Melodia Germanica* versehen wurde) Symphonien von Stamitz (nicht weniger als drei, „les dernières qu'il ait composées"[95]), Richter und Wagenseil; Band XII umfaßte Symphonien von Filtz, Fraentzel, Cannabich, Wagenseil und [Joh. Chr.] Bach, Band XIII Werke von Beck, Filtz, Wagenseil, Bode, Cannabich und Bach, und Band XIV endlich enthielt „les noms inconnus, bons à connoître": Vanmaldere, Heyden [Haydn![96]], Back [sic], Pfeiffer, Hchetky [?] und Fraenztel.[97]

Insbesondere der Wegbereiter der Wiener Klassik, Johann Christoph Wagenseil, stand um 1760 in Paris in hohem Ansehen – auch die Pariser Drucke seiner Ouvertüren, Klavierkonzerte und Klaviersonaten waren damals offenbar ein gutes Geschäft für die Verleger[98] –, aber auch das Œuvre von Johann Stamitz wurde in Paris buchstäblich bis zur letzten Note verwertet. Drei Symphonien von ihm befanden sich unter den *Six Symphonies à quatre parties obligées avec hautbois ou flûtes et cors composées de différens auteurs*, die Huberty 1761 publizierte. Im Jahre 1763 sind im Concert spiruel wiederholt Symphonien von Stamitz („cette adorable musique"[99]) gespielt worden und verschiedene davon erschienen im selben Jahr von De La Chevardière gedruckt unter dem Titel „*Six Simphonies à quatre parties obligées avec hautbois et cors de chase, Œuvre VIII*; im *Mercure de France* wurde dazu mitgeteilt: „Ce sont les dernières symphonies qu'on a pu ramasser de cet célèbre auteur".[100] Taillart konnte 1764 noch *Six Sonates en trio, opus posthume* publizieren[101] und im selben Jahr veröffentlichte De La Chevardière das *Concerto pour violon*, das Stamitz selbst bei seinem ersten Auftreten im Concert spiruel 1754 vorgetragen hatte.[102]

Auch bei der Herausgabe von Klaviersonaten, zum Teil mit Begleitung ad libitum einer Violine oder Violine und Cello, waren die Deutschen nicht unbeteiligt. Insbesondere taten sich dabei die eingewanderten Komponisten hervor, die ohne Vermittlung der Berufsverleger ihre Werke auf eigene Kosten drucken ließen: Leontzi Honauer war der erste, der sich 1761 um ein Privileg für seine Klaviersonaten Opus I bewarb; der Name Eckard erscheint 1764 im Register, Schobert dagegen wurde von Brenet erst unter der Jahreszahl 1767 vorgefunden, obwohl feststeht, daß schon 1760 Sonaten von ihm erschienen sind. Im Oktober 1763 hat Johann Christian Bach – seit einem Jahr Dirigent des Kings Theatre in London und ›music-master‹ der Königin Sophia Charlotte von Mecklenburg-Strelitz, die seit 1761 mit König George III von Großbritannien verheiratet war – sich offenbar in Paris aufgehalten, um ein Privileg für „un recueil de pièces instrumentales de sa composition" registrieren zu lassen. Einen Monat später kam der 7jährige Mozart nach Paris, wo im Februar 1764 seine beiden *Sonates pour le clavecin qui peuvent se jouer avec l'accompagnement de Violon, Œuvre première* [KV 6 – 7], und im April sein gleichnamiges Opus II [KV 8 – 9] gedruckt wurden.

Daß Leopold Mozart in seinem Brief vom 1. Februar 1764 aus Paris nach Salzburg berichten konnte: „Die Teutschen spielen in Herausgaabe ihrer Composition dem Meister",[103] wird durch die oben erwähnten Publikationen der Pariser Musikverleger zweifellos gerechtfertigt.

Der Einfluß der italienischen Instrumentalmusik in Frankreich hatte um diese Zeit seinen Höhepunkt erreicht, und das gilt namentlich für die Klaviersonaten von Domenico Alberti und Baldassare Galuppi. Im Jahre 1758 hat Le Clerc *VIII Sonate di Cembalo del Sigr. Domenico Alberti, Dilettante, Opera Prima* herausgegeben, fast gleichzeitig mit den *XX Sonate per Cembalo di Varri Autorri* [sic], *Opera Prima*, die sein Konkurrent Venier auf den Markt brachte. Bei dem erstgenannten Druck handelt es sich um eine etwas geänderte Neuausgabe des 1748 bei John Walsh in London erschienenen Erstdrucks; die „Varri Autorri" sind die Komponisten Galuppi, Merola, Tasso, Benedetto Marcello, Alberti und Domenico Scarlatti. Daß Alberti damals als der wichtigste unter diesen Komponisten angesehen wurde, zeigt der Vermerk auf dem Titelblatt: „Toutes les meilleurs pièces d'Alberti se trouvent dans ce Recueil"; mit 12 Sonatensätzen nimmt Alberti hier denn auch den ersten Platz ein. Im zweiten Heft dieser Ausgabe, 1760 bei Venier erschienen – *XX Sonate per Cembalo composte da Vari Autori, Opera*

Secunda –, ist Alberti nur noch mit einem Stück vertreten (neben Jozzi, Galuppi, Le Grand, C. Ph. E. Bach, Hasse, Lorenzini, Agrell, Martini und Schaffrath); aber inzwischen hatte sich sein Klavierstil (und insbesondere der charakteristischste Bestandteil davon: der sogenannte ›Alberti-Bass‹) schon allen seinen Pariser Nachfolgern, und namentlich den deutschen Emigranten wie auch dem jungen Mozart, unauslöschlich eingeprägt.

Die obigen Ausführungen könnten vielleicht den Eindruck erwecken, als habe in dieser Epoche die eigene französische Musik in Paris weniger Ansehen genossen als die italienische und deutsche. Dem ist jedoch entgegenzuhalten, daß quantitativ die Ausgaben französischer Musik die Werke ausländischer Herkunft, auf welchem Gebiete der Instrumentalmusik auch, immer weit übertroffen haben. Die Anzahl französischer Komponisten, von denen allein schon in den Jahren 1730 bis 1760 Instrumentalwerke im Druck erschienen sind, fand im damaligen europäischen Musikleben nirgendwo ihresgleichen: l'Abbé le fils, d'Agincour, Anet, Aubert, Balbastre, Bailleux, Bertin, Blainville, Blaise, Blavet, Boismortier, Bordet, Bouin, Branche, Caix d'Hervelois, Canavas, Cannée, Caraffe, de Chambray, Clément, Clérambault le fils, Corrette, Armand-Louis Couperin, Damoreau le jeune, Dandrieu, Daquin, Dauvergne, Davesne, Dollé, Dothel, Dupuits, Exaudet, Février, Forqueray, Fouquet, Francœur, Gaviniès, Gossec, Guignon, Guillemain, Hanot, d'Herbain, De Lagarde, Lamoninary, Leclair, Lefèvre, Lemaire, Mahault, Mangean, Marais, Marchand, Martin, Mathieu, Maucourt, Milandre, Mondonville, Mouret, Moyreau, Naudot, Navoigille, Pagin, Papavoine, Pellegrino, Philidor, Piffet le cadet, Pinaire, Plessis le cadet, Quentin, Rameau, Rebel, Roger, Rougeon l'aîné, Senaillé, Simon, Sohier, Taillart, Talon, Touchemoulin, Travenol, De Tremais, Vachon, Vibert und andere.

Daß der Pariser Musikverlag im 18. Jahrhundert als ein wichtiger Faktor im öffentlichen Leben angesehen wurde, zeigt die große Aufmerksamkeit, welche die damaligen Zeitschriften und Almanache ihm gewidmet haben. Der *Mercure de France, l'Avant Coureur* und gleichartige Publikationen brachten in jeder Nummer eine Rubrik mit Ankündigungen neuer Musikausgaben, dann und wann schon mit einem kurzen Kommentar versehen – eine primitive Form der Musikkritik, von der wir laut Weckerlin[104] das früheste Beispiel in Frankreich im *Sentiment d'un harmoniphile sur différens ouvrages de musique*

(Amsterdam 1756) des Abbé Morambert zu erblicken haben, ein Opusculum von 84 Seiten mit beigefügten Notenbeispielen.

Auch in ausländischen Zeitungen haben die Pariser Verleger ihre Editionen inseriert. So enthalten die *Wöchentlichen Nachrichten und Anmerkungen, die Musik betreffend* vom Januar 1768 eine ausführliche Übersicht der neuerlich in Paris erschienenen Musikausgaben;[105] in dieser Liste sind (nach Ausklammerung der zahlreichen *Recueils d'Ariettes* und sonstiger Modemusik) die folgenden Titel instrumentaler Kompositionen enthalten:

Six Concerts nouveaux pour le clavecin, avec deux violons, alto viola et violoncello, par M. Ferdinando Pellegrini. Op. IX – *Sei Sonate per violino, oboe o flauto, con accompagnamento di basso, fagotto o cimbalo,* composte dal Sign. Ignazio Prover. Op. II – *Sei Quartetti per flauto, violino, alto e violoncello recitanti,* composti del Sign. Christian Canabich [sic]. Op. V – *Sei Duetti, per due violini,* comp. dal Sgr. Avolio. Op. II ("Sie sollen in einem ganz neuem Geschmacke, und ungemein leicht seyn") – *Sei Sinfonie a quattro o a più stromenti,* comp. dal Sig. Canabich. Op. VI – *Six Sonates à violon seul et basse continue,* composées par M. Mondonville le jeune. – *Six Sonates pour le basson ou violoncelle, avec la basse continue,* par M. Dard. Op. II – *Sei Sinfonie o sia Quartetti per due violini, alto e violoncello obligati,* composte da Luigi Boccherini. Op. I – *Nouvelles pièces d'orgue, composées sur différens tons,* par M. Bainville. – *Six symphonies à quatre parties ou à grand orchestre,* par M. Talon. Op. V – *Sei sonate a tre, due violini e basso,* del Sig. Pietro Leony. Op. II – *Sei Sinfonie per due violini, alto e basso, con corni ed oboi ad libitum,* composte di Gaudenzio Comi. Op. I – *Sei Sinfonie concertanti, o sia Quintetti per due violini, due viole e basso,* composte da Giuseppe Misliwecek, detto il Boemo. Op. II – *Six Sonates en trio, pour deux violons et basse,* composées par J. G. Burckhoffer. Op. IV – *Sonates pour le clavessin, avec accompagnement de violon,* composées par Herman Frederic Raupach. Op. II – *Sei Sinfonie a IV, per due violini, alto e basso,* comp. del Sign. J. B. Bambini. Op. I – *Duetti a due flauti traversi, o due violini,* del Sign. Filippo Ruge. – *Six Sonates pour la mandoline ou le violon et basse* par M. Leone. – *Six Sonates pour le clavecin,* composées par H. J. Riegel. Op. I – *Six Trio pour le clavecin, violon et basse,* par Philippe Valois. Op. VI – *Six Sonates pour le clavecin* par M. Béeke. Op. II – *Six Sym-*

phonies à plusieurs parties, composées par M. Beck. Op. IV – *Sei Duetti per due violini,* composte dal Sgr. Emmanuel Barbella. – *Sei Trio di camera, per due violini e basso,* del Sgr. Antonio Besozzi. Op. III – *Quatre Duo pour un clavecin et un violon,* par M. de Béeke. Op. III – *Six Sonates pour le clavecin avec l'accompagnement d'un violon,* par J. G. Wolfgang Mozart, agé de neuf [!] ans. Op. IV („Diese Sonaten können auch auf der Harfe gespielt werden."[106]) – *Sei Sinfonie a più stromenti, violino primo, violino secondo, due corni, alto col basso,* composte de Lorenzo Sorg. Op. I – *Sonates pour le violoncelle avec la basse continue* par M. Canavas l'aîné. („Einige dieser Sonaten können auch auf der Violin gespielt werden.") – *Six Trio pour deux flûtes, ou violons et basse,* par M. Kleinknecht. Op. III („Herr Kleinknecht ist einer von den gründlichen Componisten, der sich noch nicht durch die Mode zum Leichtsinn und zur Schwärmerey hat hinreißen lassen; seine Trio sind Meisterstücke.") – *Sei Triotti per due violini e basso,* composte del Sig. Luigi Boccherini. Op. II – *Sei Divertimenti per l'arpa con violino,* da Philippo Giacomo Meyer. Op. II – *Sei Notturni per l'arpa o cembalo, con due violini e violoncello,* von Johann Martini, einem Deutschen. – *Six Symphonies à grande orchestre,* par M. Bailleux. Op. XI („Die drey letztern können vierstimmig gespielt werden.") – *Six Symphonies à huit, deux violons, deux hautbois ou flûtes, alto-viola, basso et deux cors,* composées par Richter. Op. VII – *Quatre Divertissemens pour le clavecin, avec accompagnement de deux violons et violoncelle* par M. Martini. Op. III – *Sonates à violon seul et basse,* composées par Hippolite Barthelemon. – *Symphonie dans le genre de cinq nations, à quattre instruments obligés, deux hautbois et deux cors ad libitum.* („Das erste Allegro dieser Symphonie ist italiänisch, das Andante deutsch, das Allegretto englisch, die Menuet französisch, das Trio türkisch, und das letztere Allegro ist eine Nachahmung aller Musikarten überhaupt. Ey! und wer ist denn der Componist, in dessen Kopfe es so bund aussiehet? Herr Ditters ist es. Nun wir haben wohl immer bey den Symphonien und Concerten des Herrn Ditters gedacht, was doch der Mann eigentlich für einen Geschmack haben müsse. Hier finden wir, daß es der Geschmack aller Nationen seyn soll. Das klingt vornehm; aber auf der andern Seite ist es gerade soviel als gar keinen Geschmack haben. Vielleicht lernen wir durch die Bemühungen dieses seltsamen Componisten auch noch die chinesische, mongolische, caraibische und überhaupt die Musik der drey andern Welttheile kennen."} – *Six Quatuor pour flûte, violon, altoviola et violoncelle*, par M. Martini. Op. I – *Six Duo pour violon et violoncelle*, composés par Guil. Gommar Kennis. Op. IX – *Six Sonates en trio pour violons et basse*, par Giov. Franciscone. Op. I – *Nouvelle Symphonie périodique*, del Sign. Diters – *Six Symphonies à deux violons, taille et basse, deux hautbois et deux cors de chasse*, composées par Charles Frederic Abel. Op. VII.

Eine Aufzählung wie diese vermag ein detailliertes Bild von der Vielseitigkeit der damals gebräuchlichen instrumentalen Besetzungen zu geben, ebenso aber auch von der internationalen Einstellung, die für den Pariser Musikverlag in dieser Epoche kennzeichnend war. Daß letztgenannte Eigenschaft im Ausland nicht unbeachtet blieb, zeigt der Kommentar, den die Schriftleitung der *Wöchentlichen Nachrichten* der oben teilweise wiedergegebenen Liste angehängt hat:

„Man muß sich wirklich über die große Menge practischer Sachen wundern, die in Frankreich jährlich zum Vorscheine kommen, und wozu die Ausländer das meiste beytragen. Was für ein Unterschied von Geschmack in diesen Stücken herrschen müsse, und was für einen Contrast der französische dagegen mache, kann ein jeder Musikverständiger leicht beurtheilen. Dem ohngeachtet wollten wir nicht, daß sich die Franzosen so gutwillig um den ihrigen bringen ließen; er ist gewiß noch besser als mancher Herren in i und ni; zum Glück hat es auch eben doch nicht den Anschein dazu. Nirgends scheint ein eigenthümlicher Geschmack in der Musik so tiefe Wurzel gefaßt zu haben, als in Frankreich, und nirgends wird doch auch alles, was ihm entgegen ist, so wohl aufgenommen, als eben daselbst. Vielleicht sucht sich der Franzos durch die Musik nur zu amusieren; aber nein, er empfindet, er *raisonnirt*, wenigstens thut es der edlere Theil der Nation, zumal wenn er Kenner ist. Die Sache hat etwas räthselhaftes, daß sich nicht ohne Mühe beantworten läßt. Aber wie siehet es um den Vertrieb einer so ungeheuern Menge von Musikalien aus? Dieser muß in Frankreich doch weit leichter seyn als an andern Orten. In Frankreich und England, sagt man, ist man nicht anders gewohnt, als nach in Kupfer gestochenen Noten zu spielen. Diese Gewohnheit ist nicht übel; sie verhindert, daß man nicht so viel elende und fehlerhafte Abschriften bekommt, von denen wir auf deutschem Grund und Boden so gequält werden. Außerdem helfen auch die

Musikverleger der Sache mit Subscriptionen (Abonnements) fort. Ein solches bureau d'abonnement musical haben Herr Peters, ein Mahler, und Herr Miroglio, ein Violinist zu Paris angelegt, wo man für 60 liv., die man jährlich voraus bezahlt, jeden Monath ein musikalisches Werk, aus sechs Sinfonien, Trios oder Sonaten bestehend, bekommt. Ja, man kann auch daselbst musikalische Werke geliehen bekommen, so wie man bey unsern Antiquarien Bücher entlehnt."[107]

Das *Bureau d'abonnement musical,* von dem hier die Rede ist, gehört zu den heftigst umstrittenen Initiativen in der Geschichte des Pariser Verlagswesens. Im Jahre 1765 wurde es von dem (vermutlich flämischen) Maler und gerissenen Geschäftsmann Antoine de Peters zusammen mit dem italienischen Violinisten Jean-Baptiste Miroglio gegründet. Sie kündigten ihr Unternehmen an mit einem Prospekt, von dem im *l'Avant-Coureur* ein kommentierter Auszug erschien:

„Depuis que la musique est devenue un amusement presque général et que les personnes du plus haut rang en font leurs délices, rien n'était plus utile qu'un magasin où se trouvent rassemblés tous les morceaux de musique tant ancienne que moderne. C'est ce qu'offre aujourd'hui le bûreau que nous annonçons, & qui sera ouvert le 22 ce mois, Cour de l'ancien grand Cerf, rue des deux portes Saint-Sauveur, chez le Sieur Miroglio. La collection que présente ce bureau est des plus complettes, tant en musique instrumentale que vocale. On y trouvera tous les bons morceaux François, Italiens et Allemans, & on y ajoutera journellement tout ce qui paraîtra de nouveau. L'abonnement sera de 24 l. par an, moyennant laquelle somme les abonnés pourront y prendre telle pièce de musique qu'ils désireront, & il leur sera à cet effet fourni un catalogue dont on leur donnera le supplément de six mois en six mois. On pourra garder les exemplaires l'espace de huit jours, & on en fournira de nouveaux; on en pourra même prendre de nouveaux tous les jours en remettant les anciens entiers et non déchirés. On sent combien cet établissement, à la tête duquel sont des personnes de goût, peut contribuer au progrès de l'art, & varier les agrémens qu'on en retire."[108]

Natürlich stießen diese Methoden auf Widerstand bei vielen Komponisten und Verlegern. De La Chevardière, Le Clerc, Le Menu, Venier, Bailleux, Gaviniès und Corrette strengten einen

Prozeß gegen Peters und Miroglio an und fanden dabei die Unterstützung von etwa zwanzig namhaften Pariser Musikern, u. a. von Dauvergne, Blaise, Blavet, Davesne, Duni, Duphly, Honauer, Duport, Janson und Gronemann. Das *Bureau d'Abonnement* wurde 1766 verurteilt. Doch Peters und Miroglio legten Berufung ein und trafen ihre Gegenmaßnahmen; sie stellten im Juni 1767 einen „Mémoire signifié" von 60 Seiten Umfang auf, den sie von nicht weniger als 217 (überwiegend weniger bedeutenden) Musikern unterschreiben ließen, und diese Liste wurde später noch sehr erweitert. Aber auch De La Chevardière hatte neue Hilfstruppen mit glänzenden Namen, wie Balbastre, Berton, Clément, Armand-Louis Couperin, Daquin, De Lagarde, Philidor, Rebel, Schobert, angeworben. (Es ist auffallend, daß weder bei De La Chevardière noch bei Peters und Miroglio der Name Johann Gottfried Eckard vorkommt; hat er sich als Einzelgänger schon um 1767 aus dem öffentlichen Musikbetrieb zurückgezogen?)

Die Folge war, daß die Pariser Musikwelt sich in zwei einander heftig bekämpfende Parteien spaltete, und das Gericht konnte nichts vernünftigeres tun, als ein salomonisches Urteil zu fällen: Peters und Miroglio wurde verboten Musik zu drucken, zu verkaufen oder auszuleihen, bevor die Privilegien abgelaufen waren, und De La Chevardière durfte künftig keine Einwände mehr erheben, wenn seine Gegner Exemplare vermieteten, die sie gekauft und bezahlt hatten. Es war für das *Bureau* zwar eine unangenehme Situation, sich so viel aktuelle Musik entgehen lassen zu müssen, aber Peters hatte sich schon seit 1765 darum bemüht, selbst Privilegien zu erwerben; dadurch konnte er ungeachtet des Urteilsspruchs neue Werke von J. C. Bach, Boccherini, Burckoffer, Cardon, Celonietti, Chabran, Dittersdorf, Fraentzel, Gossec, Haydn, Holzbauer, Jommelli, Kennis, Lalloyau, Lidarti, Leemans, Majo, Martini, Miroglio, Nardini, Polidori, Raupach, Richter, Sacchini, Schwindl, [Theodore] Smith, Toëschi, Vanmaldere, Wagenseil und anderen (also überwiegend von Ausländern) für seinen Verlag gewinnen.[109] Auch der alte Stamitz wurde von Peters nicht verschmäht: 1769 erhielt er ein Privileg für „6 Duos pour 2 violons, d'après les trios de J. Stamitz" und für „12 pièces choisies des ouvrages de Stamitz, arrangés pour le clavecin" sowie 1771 eines für „des duos tirés du premier œuvre de Stamitz".[110]

Insofern das *Bureau d'abonnement musical* sich auf den Verkauf im Abonnement verlegte, gehörte es zur gleichen Kategorie wie das *Journal de Musique*, das Pierre de Lagarde („maître en survivance des Enfants de France") seit 1758 in monatlichen Lieferungen herausgab, und das *Journal de clavecin*, für das Charles-François Clément 1763 ein Privileg erhalten hatte; es bestand aus einmal im Monat erscheinenden Heften mit Klavierstücken (zumeist Bearbeitungen von volkstümlichen Opernarien und Ariettes). Auch die *Recueils périodiques en symphonie*, die seit 1755 bei De La Chevardière, Venier und anderen Verlegern – auch im Ausland, z.B. bei Bremner in London – monatlich und selbst wöchentlich erschienen, sollen in diesem Zusammenhang erwähnt werden. Solche periodischen Musikausgaben haben sich im Laufe der Jahre immer mehr der Gunst des Pariser Publikums erfreuen können; immer neue Titel tauchten auf, wie *La feuille chantante, ou le journal hebdomadaire* (1767), *Les mille et une bagatelles* (1770, in 26 Lieferungen erschienen), *Feuilles de Terpsichore, ou nouvelle étude de clavecin, dédiées aux dames, dans lesquelles on trouvera successivement l'agréable, l'aise et le difficile, composées par les professeurs les plus recherchés pour cet instrument* („cette feuille paroit tous les lundis") (1779), *Journal des Pièces de clavecin par différens auteurs, contenant des Sonates avec ou sans accompagnement, des Duo, Trio, Quatuor, Quinque, Simphonies, Simphonies concertantes et Concerto* (1784). Außerdem gab es *Recueils d'Ariettes* mit Begleitung von Harfe, Gitarre oder anderen Instrumenten. Im Jahre 1789 existierten in Paris zwölf solcher ›musikalischen Zeitschriften‹ (sowohl mit instrumentalem als vokalem Inhalt), und dazu müssen noch etwa acht periodische Ausgaben gerechnet werden, die unregelmäßig erschienen.[111]

Die Tätigkeit des *Bureau d'Abonnement* hat dem Pariser Musikverlag offenbar nicht geschadet. Der *Almanach musical pour l'année 1775* nennt für Paris allein schon 23 Musikverleger – Bignon, Borelli, das *Bureau d'Abonnement musical*, das *Bureau du Journal de Musique*, Cousineau, Deslauriers, Garnier, Mlle Girard, Guerdoux (für die Werke von Johann Schobert), Haïna (für die Werke von Carl Stamitz), Huberty, Huguet, Jolivet, Le Marchand, Merchi, Mme Moria & Mlle Vendôme, Michaud, Rameau le fils (für die Werke von Jean-Philippe Rameau), Sieber, Taillard, Mme Thevenot, Venier und Mme Viard – nebst neun Musikalienhändlern (Bailleux, Mme Bérault, Bordet, Bouin, Mlle Castagnery, De La Chevardière, Houbant, Louette und Mme Le Menu).[112] Die mehr als 150 im Verlauf des Jahres erschienenen Musikalien umfassen Sonaten für Violine, für Flöte, für Violoncello (alle mit Basso continuo), Sonaten und Stücke für Clavecin oder Pianoforte mit oder ohne Begleitung der Violine oder Flöte, Stücke für die Orgel und für die Harfe, Duo's für zwei Violinen, Streich- und Klaviertrio's, Streichquartette, -quintette und -sextette, Concerto's und Symphonien; als Komponisten sind genannt: Abel, Asplmayer, Aubert, Joh. Chr. Bach, Barbella, Bauer, Beck, Benaut, Bertau, Biehl, Blot, Boccherini, Brodery le fils, Bouleron, Bullanto, Cambini, Canciello, Cannabich, Carter, Don Manuel Cavaza di Madri, Celestino, Chalon, Charpentier, Cirry, Comi, Cramer, Desnose, Dittersdorf, Dolphin, Dupont, Eichner, Essenvejalo, Fischer, Gaspar, Giordani, Graaff, Granier, Haydn („Cet auteur est un des plus grands compositeurs de l'Allemagne, & de ceux qui entendent le mieux la composition des Quatuor. Sa tournure est ingénieuse, son style original, & il a surtout cet air de caractère que les Anglais appellent *humour*"), Helbert, Hemberger, Hoffmann, Jannson l'aîné, Jarnowick, Joubert, Kammel, Kauffmann, Kuchler, Lepin, Lidarti, Lorenziti, Mathielli, Mayer, Michaud l'aîné, Mignaux, Moulinghen d'Alem, Navoigille le cadet, Paganelli, Petrini, Pitschmann, Pugnani, Ricci, Richter, Rigel, Rosalie Rose de la Roche („âgée de 13 ans"), Rodill, Roeser, De Saint-George, Schmitt, Schroetter, Signoretti, Stad, Carl und Anton Stamitz, Steffen, Taillart l'aîné, Tarade, Tissier, Vachon, Vanhall, Vento, Vindling, Weiss, Wreden,[113] – eine kosmopolitische Versammlung, die für die Atmosphäre des damaligen Pariser Musiklebens bezeichnend ist.

Diesen Aspekt haben die Pariser Verlage bis in die späten achtziger Jahre beibehalten. Es traten zwar Verschiebungen auf, indem zum Beispiel die Mannheimer Symphoniker allmählich durch die Wiener Symphoniker (vor allem Haydn) ersetzt wurden, aber von einem musikalischen Chauvinismus war in Frankreich, wo der Antagonismus zwischen dem Deutschen Gluck und dem Italiener Piccini jeden Gebildeten zu leidenschaftlicher Anteilnahme zwang, vor der Revolution nichts zu bemerken. Gerade der sensationelle Streit zwischen den Gluckisten und den Piccinisten brachte den Pariser Musikverlegern erhebliche Vorteile; denn aus dem Opernrepertoire ließen sich unendlich viele Bearbeitungen und Potpourri's herstellen, die reißenden Absatz fanden, da sie dem unerschöpflichen Bedarf an leicht spielbarer Gebrauchsmusik für die Amateure beiderlei Geschlechts genau entsprachen. Der *Calendrier musical uni-*

versel pour l'année 1789 enthält eine umfangreiche Aufzählung von diesbezüglichen Musikalien, die im Jahr zuvor erschienen waren: ein *Nouveau recueil de petits airs tirée des opéras, et autres, arrangés en duo pour deux clarinettes*, ein *Potpourri d'airs d'opéras et autres des plus nouveaux et choisis, arrangées pour deux flûtes*, ein *Recueil d'ariettes choisis dans les opéra-comiques, arrangées pour deux clarinettes*, auch die *Ouverture d'Iphigénie en Aulide par le chevalier Gluck, arrangée pour le clavecin d'une manière très-intelligible, pour en faciliter l'exé-cution*, ein *Recueil d'airs connus et variés pour deux piano, par M. [Beauvarlet-]Charpentier* (der auch die Ouverturen von Grétry's *Richard Cœur de Lion* und Glucks *Iphigénie en Aulide* für zwei Klaviere bearbeitet hat), *Soixante ariettes choisis de différens opéras nouveaux, arrangées pour deux flageolets, avec les principes pour cet instrument*, ein *Recueil d'airs des opéras bouffes italiens des plus célèbres auteurs, arrangés en quatuor concertans pour deux violons, alto et violoncelle obligés*, und viele, viele andere derartige Ausgaben, die unparteiisch aus der zeitgenössischen französischen und italienischen Opernmusik (Gluck und seine französischen Nachfolger eingeschlossen) ausgewählt worden sind.[114]

Das Interesse für die Klaviersonate, Eckards Spezialität, hat auch in den achtziger Jahren nicht abgenommen. In dieser Hinsicht ist wiederum der oben angeführte *Calendrier* eine Fundgrube, in der wir die Namen der Sonaten-Komponisten antreffen: Adam, Bambini, Cartier, César, De Chabanon, Clementi, Cramer, Dussek, Edelmann, Ferrari, Hemberger, Hemmerlein, Hermann, Hüllmandel, Jadin, Kozeluch, Krumpholtz, Küffner, Lemoine, Méhul, Ph.-J. Meyer, Mozart (*Sonate à quatre mains pour le piano, œuvre 14e*[115] und *Trois sonates pour le clavecin, la troisième avec violon obligé, œuvre 7e* [= KV 205b (284), 315c (333) und 454]), Navoigille, Neveu, Nicolai, Pleyel, Rigel, Sarti, Schroetter, Steibelt, Sterkel und Véron.[116] Noch am Vorabend der Revolution also hat die deutsche Instrumentalmusik ihren bevorzugten Platz in den Pariser Verlagskatalogen bcibchalten können.

CLAVECIN UND PIANOFORTE

Die historische Bedeutung Eckards liegt hauptsächlich in dem Umstand, daß er der erste Komponist in Paris gewesen ist, der seine Sonaten ausdrücklich für das Pianoforte bestimmt hat, lange bevor dieses Instrument in Frankreich bekannt war. Zwar steht auf dem Titelblatt seiner *Six Sonates* Op. I noch ausschließlich das Clavecin angegeben, aber in einem „Avertissement" hat der Komponist deutlich gemacht, daß man sich bei der Wiedergabe der Sonaten nicht auf dieses Instrument beschränken sollte:

„J'ai tâché de rendre cet ouvrage d'une utilité commune au Clavecin, au Clavicorde, et au forté et piano. C'est par cette raison que je me suis cru obligé de marquer aussi souvent les doux, et les fort, ce qui eut été inutile si je n'avais eu que le Clavecin en vue."

Ein Jahr später, als er seine *Deux Sonates pour le Clavecin ou le Pianoforte* Opus II in Druck erscheinen ließ, stand der Name des neuen Tasteninstruments sogar auf dem Titelblatt, und der Inhalt dieses Heftes zeigt, mehr noch als es bei Opus I der Fall war, daß der Komponist sehr engagiert für die Nutzung der speziellen technischen Möglichkeiten des Pianoforte eintrat.

Zweifellos entstand Eckard's Initiative unter dem Einfluß des Mannes, der ihn 1758 nach Paris mitgenommen hatte, des Augsburger Orgelbauers Johann Andreas Stein, der sich seit etwa 1755 mit dem Bau von Hammerklavieren beschäftigte.

In Deutschland hatte man von Anfang an für das um 1700 von Bartolomeo Cristofori in Florenz konstruierte *Gravicembalo col piano e forte* großes Interesse gezeigt, insbesondere als die von Scipione Mattei 1711 im *Giornale dei Letterati d'Italia* publizierte ausführliche Beschreibung dieses neuen Instruments 1725 in deutscher Übersetzung in Johann Matthesons *Critica Musica* erschienen war. Daß das Hammerklavier gerade in Deutschland seine ersten Erfolge erzielte, ist nicht zufällig; es war hier ja in seiner Entwicklung vorbereitet durch das Clavichord, das als Hausinstrument neben dem Cembalo eine eigene Funktion hatte und durch seine technische Einrichtung schon zu intimen Klangschattierungen imstande war. Auch Hebenstreits *Hackbrett* hat einen gewissen Einfluß ausgeübt; der Organist Christoph Gottlieb Schroeter hat 1738 in Mitzlers *Musikalischer Bibliothek* (und 1764 nochmals in Marpurgs *Kritischen Briefen*) behauptet, in der Nachfolge von Hebenstreit Klaviere mit sowohl aufwärts als abwärts schlagenden Hämmern entworfen und deren Modelle schon 1721 am Kurfürstenhof in Dresden deponiert zu haben; aber diese Entwürfe sind anscheinend in der Praxis nicht verwirklicht worden.

Dagegen waren für das frühe Hammerklavier die Verbesserungen von großem Nutzen, die von vier begabten deutschen Klavierbauern um 1750 an Cristofori's Pianoforte-Mechanik durchgeführt wurden: das waren Gottfried Silbermann in Freiberg (Sachsen) – dem Carl Philipp Emanuel Bach ein heißgeliebtes Clavichord verdankte, das er nach treuen Diensten mit einem traurigen Klavierstück verabschieden mußte[117] –, Christoph Ernst Friederici in Gera – von dem Leopold Mozart ein Pianoforte besaß[118] –, Franz Jakob Spaeth aus Regensburg, Erfinder des Tangentenflügels und vor allen Johann Andreas Stein in Augsburg, den Joh. Fr. Reichardt noch 1806 einen „ächt genialischen Instrumentenmacher" nannte;[119] Paul von Stetten reiht ihn 1779 ein „unter die Genies, die immer auf die Vervollkommnung arbeiten, und denen es das größte Vergnügen ist, etwas Gutes und Schönes gemacht zu haben: gesetzt auch, daß ihnen ihre Mühe nicht nach Verdiensten belohnt würde",[120] und Chr. Fr. Schubart urteilte 1789: „Stein hat dem Fortepiano eine Stärke, Schönheit und Wirkung gegeben, wovor sich der Schöpfungsgeist der Britten [damals die renommiertesten Klavierbauer Europas] selbst beugt."[121]

Auch Mozart war für die Instrumente von Stein voller Bewunderung, wie der Brief an seinen Vater vom 17. Oktober 1777 bezeugt, der auch Eckards Einstellung zum Pianoforte begreiflich machen kann:

„Nun muß ich gleich bey die steinischen Piano forte anfangen. Ehe ich noch vom stein seiner arbeit etwas gesehen habe, waren mir die spättischen Clavier die liebsten; Nun muß ich aber den steinischen den vorzug lassen; denn sie dämpfen noch viell besser, als die Regensburger. wenn ich starck anschlage, ich mag den finger liegen lassen, oder aufheben, so ist halt der ton in dem augenblick vorbey, da ich ihn hören ließ. ich mag an die Claves kommen wie ich will, so wird der ton immer gleich seyn. er wird nicht schebern, er wird nicht stärcker, nicht schwächer gehen, oder gar ausbleiben; mit einem wort, es ist alles gleich. es ist wahr, er giebt so ein Piano forte nicht unter 300 f: aber seine Mühe und fleiß die er anwendet, ist nicht zu bezahlen. seine instrumente haben besonders das vor andern eigen, daß sie mit auslösung gemacht sind. da giebt sich der hunderteste nicht damit ab. aber ohne auslösung ist es halt nicht möglich daß ein Piano forte nicht schebere oder nachklinge; seine hämmerl, wen man die Claves anspielt, fallen, in den augenblick da sie an die saiten hinauf springen, wieder herab, man mag den Claves liegen lassen oder auslassen. wen er ein solch Clavier fertig hat, |: wie er mir selbst sagte :|so sezt er sich erst hin, und Probirt allerley Pasagen, läüffe und springe, und schabt und arbeitet so lange bis das Clavier alles thut. denn er arbeitet nur zum Nutzen der Musique, und nicht seines nuzens wegen allein, sonst würde er gleich fertig seyn. Er sagt oft, wenn ich nicht selbst ein so Paßionirter liebhaber der Musick wäre, und nicht selbst etwas weniges auf dem Clavier könnte, so hätte ich gewis schon längst die gedult bey meiner arbeit verloren; allein ich bin halt ein liebhaber vom instrumenten die den spieller nicht ansezen, und die dauerhaft sind. seine Clavier sind auch wircklich vom dauer. Er steht gut davor daß der Raisonance=boden nicht bricht, und nicht springt. wenn er einen raisonance=boden zu einem Clavier fertig hat, so stellt er ihn in die luft, Regen, schnee, sonnenhitze, und allen Teüfel, damit er zerspringt, und dann legt er span ein, und leimt sie hinein, damit er recht starck und fest wird. er ist völlig froh wenn er springt; man ist halt hernach versichert daß ihm nichts mehr geschieht. er schneidet gar oft selbst hinein, und leimmt ihn wieder zu, und befestigt ihn recht. er hat drey solche Piano forte fertig. ich habe erst heüt wieder darauf gespiellet. [...] ich habe hier und in München schon alle Meine 6 Sonaten recht oft auswendig gespiellt. die 5:te aus g habe ich in der vornehmen bauernstube accademie gespiellet. die lezte ex D kommt auf die Pianoforte vom *stein* unvergleichlich heraus. die Machine wo man mit dem knie drückt, ist auch bey ihm besser gemacht, als bey den andern. ich darf es kaum anrühren, so geht es schon; und so bald man das knie nur ein wenig wegthut, so hört man nicht den mindesten nachklang."[122]

Der Bedarf an dynamischen Schattierungen, dem die Erfindung des Pianoforte entgegenkommen sollte, hatte sich schon um

1700 im italienischen Musizieren manifestiert. Mattei wies in seinem bereits erwähnten Artikel von 1711 darauf hin, daß die römische Violinschule schon lange vor 1700 das *crescendo* und *decrescendo* eingeführt habe, und auch in der Aufführungspraxis der damaligen italienischen Vokalmusik wurde der traditionelle Echoeffekt immer mehr von einer allmählich zu- und wieder abnehmenden Klangstärke ersetzt.

In Frankreich haben sich diese neuen Möglichkeiten weit langsamer durchgesetzt als in anderen Ländern. So berichtete Charles de Brosses noch 1739 aus Italien, als gälte es eine Neuigkeit zu verkünden: „C'est surtout que les voix, aussi que les violons, emploient ce clair-obscur, ce renflement insensible du son, qui augmente de force de note en note, jusqu'au plus haut degré, puis revient à une nuance extrêmement douce et attendrissante."[123] Das französische Musizieren beharrte nach wie vor in der ›Terrassendynamik‹ des Barock – auch als in Deutschland der ›galante Styl‹ schon längst eine ›Übergangsdynamik‹ hervorgebracht hatte –, und damit konnte das Clavecin seine Alleinherrschaft behaupten, zumal ihm diese nicht streitig gemacht wurde vom Clavichord, das in Frankreich nie Eingang gefunden hat und also nicht als Wegbereiter für das mit ihm verwandte Pianoforte hat auftreten können. (Daß Eckard im ›Avertissement‹ zu seinem Opus I auch dieses Instrument vorgeschrieben hat, muß den französischen Zeitgenossen gewiß verwundert haben.)

Dennoch sind auch in Frankreich schon früh vereinzelte Versuche unternommen worden, eine andere Mechanik für Tasteninstrumente zu entwickeln, um damit eine größere Vielfalt an Kontrasten und Schattierungen in der Klangstärke zu erzielen.

Vielleicht hat das Auftreten von Hebenstreit mit seinem *Pantaléon* 1705 dazu den Anstoß gegeben; dieses ›Hackbrett‹ wurde nämlich mit Klöppeln angeschlagen, deren Köpfe je zur Hälfte weich bzw. hart mit Leder bespannt waren, wodurch ein Unterschied zwischen forte und piano erzeugt werden konnte.[124] Im Jahre 1708 meldete der Klavierbauer Cuisinier bei der *Académie Royale des Sciences* in Paris ein Patent an für ein *Clavecin espressive* mit Hammeranschlag.[125] Drei Jahre später machte Mattei das ›gravicembalo‹ von Cristofori bekannt; es hat jedoch den Anschein, daß das *Clavecin à maillets*, das Jean Marius der Académie des Sciences 1716 in vier verschiedenen Fassungen vorführte, auf die Erfindung von Cuisinier zurückgeht. Im Gutachten der Académie wurde festgestellt, „que par des clavecins

de cette construction l'on pourra tirer des sons plus ou moins ai-
gus en employant des forces connues sur les touches suivant les
différens tons et les différentes mesures indiquées par les pièces
qu'on l'on voudra exécuter."[126] Damit wäre also das gleiche erreicht, wie es in dem Bericht des Mattei über Cristofori's Pianoforte zu lesen ist: „Il cavare da questi maggiore o minore suono
dipende alla diversa forza, con cui del sonatore vengono premuti
i tasti, regolanda la quale, si viene a sentire non soli il piano, e il
forte, ma la degradazione, e diversità della voce."[127]

Die ›Hammerklaviere‹ von Cuisinier und Marius haben sich
in Frankreich ebensowenig durchsetzen können wie das *Clavecin à maillets* von Weltman, das die Académie des Sciences
1759 zu begutachten hatte.[128] Der Umschwung kam erst Ende
der sechziger Jahre, nachdem eine Mlle Lechantre am 8. September 1768 – also fünf Jahre nach dem Erscheinen von Eckards
Sonaten – bei einer Soirée des Concert spirituel zum ersten Mal
in der Öffentlichkeit auf einem Pianoforte gespielt hatte.[129]
Viele von diesen Instrumenten kann es damals in Paris noch
nicht gegeben haben, obwohl laut De Briqueville schon 1759 ein
Pianoforte in Paris verkauft worden sein soll.[130] Erst nach 1770
begann in Frankreich der Import von Pianofortes, hauptsächlich
aus London. Dort war das Instrument am 16. Mai 1767 in Co-
vent Garden zur Begleitung einer Sängerin verwendet worden,
aus diesem Anlaß angekündigt als „a new Instrument call'd a
Piano Forte".[131] Ein Jahr später, am 2. Juni 1768, wurde bei „a
Grand Concert of Vocal and Instrumental Music" in Thatched
House (St. James's Street) zum erstenmal solistisch auf einem
Pianoforte gespielt, und zwar von Johann Christian Bach; er
hatte das Instrument für £ 50.– von Johann Christoph Zumpe
gekauft.[132] (Es hat ihm offenbar gut gefallen, denn mit seinen
vermutlich kurz danach gedruckten *Six Sonates* Op. V fing er
an, die uns von Eckard her bekannte Bezeichnung „pour le Clavecin ou le Pianoforte" anzuwenden.)

Zumpe, ein Schüler von Silbermann, hatte sich Ende der fünf-
ziger Jahre in London niedergelassen, wo er anfänglich bei dem
renommierten Cembalobauer Burkat Shudi (= Burkhardt
Tschudi aus Glarus) arbeitete und 1761 ein eigenes Geschäft
gründete; 1766 baute er sein erstes Hammerklavier – „the earliest English-made pianoforte"[133] – und wurde damit der Wegbereiter für eine blühende englische Pianoforte-Industrie, in der
schon bald John Broadwood eine führende Position einnahm.

Nun also konnte das Pianoforte endlich seinen Siegeszug

durch Frankreich antreten; 1771 wurde das Instrument in *l'A-vant-Coureur* in einem Gedicht mit dem Titel *l'Arrivée du forte-piano* als „cher ami, tu me viens d'Angleterre" begrüßt.[134] Auch die Inserate des Pariser Instrumentenhändlers Cousineau kündigen englische Klaviere an, so z. B. im März 1772: „Le Sr. Cousineau vient de recevoir des Pianoforte d'Angleterre des meilleurs facteurs",[135] oder im November desselben Jahres: „Il vient d'arriver de Londres, au Sr. Cousineau, Luthier, des Pianoforte à ravalement".[136] (Dieser Ausdruck deutet darauf hin, daß es sich in diesem Falle um Clavecins handelte, die zu Pianofortes umgebaut worden waren, wobei die ursprünglich verkürzte Oktave im Baß mit den Tönen Cis, Dis, Fis und Gis ausgefüllt wurde.)

Immerhin sollte es noch bis 1777 dauern, daß der Straßburger Sébastien Erard das erste Pianoforte in Frankreich baute, aber damit wurde die Grundlage geschaffen für die weltberühmte Firma dieses Namens, der es im Laufe der Zeit gelang, dem englischen Pianoforte ein gleichwertiges Instrument zur Seite zu stellen.

Viele Franzosen aber blieben dem Clavecin treu, wie auch Voltaire, der in einem Brief an Mme du Deffand vom 8. Dezember 1774 das Pianoforte bezeichnet als „un instrument de chaudronnier en comparaison du clavecin".[137] Diese Anhänglichkeit wurde noch gefördert durch die vielen Versuche, das beliebte Clavecin durch kleine technische Verbesserungen dem veränderten musikalischen Geschmack anzupassen. Dabei bemühte man sich vor allem, den starken, schrillen Ton, den die Zupfmechanik hervorbrachte, abzumildern. Schon 1760 war der Académie Royale des Sciences ein Entwurf für eine Clavecinmechanik vorgelegt worden, in welchem „au lieu de plume un petit morceau de cuir dur" verwendet wurde.[138] Diese Erfindung ist damals offenbar nicht anerkannt worden, und so begrüßte man 1768 das *Clavecin à peau de buffle* von Pascal Taskin als völlige Neuheit.

Das Aufsehen, das Taskin erregte, wurde auch nicht beeinträchtigt durch den Protest eines gewissen De Laine, der 1771 im *Journal de musique historique, théorique et pratique* bekannt gab, daß er schon vorher ein „clavecin emplumé en cuir" konstruiert habe, von dem er behauptete: „M. M. Honauër, Eschard [sic], Balbatre l'ont entendu, & ont témoigné autant de surprise que de satisfaction."[139]

Johann Nikolaus Forkel hat in seinem *Musikalischen Alma-*

nach auf das Jahr 1778 berichtet, Pascal Taskin füge außer den gewöhnlichen Federkielen „noch überdem ein Stück von einer Büffelhaut zu eben der Absicht bey, wodurch der Ton vortrefflich wird. Man kann diese Clavecins [...] so gebrauchen, daß entweder die Stückchen Büffelhaut allein, oder mit den Federn zugleich auf die Saiten wirken, und dadurch eine angenehme Mannichfaltigkeit von Tönen hervorbringen."[140] Oder, wie Jean-Benjamin De La Borde es ausdrückte: „[Taskin] ne pince plus, mais il caresse la corde."[141]

Die klanglichen Vorteile des *Clavecin à peau de buffle* hat der Abbé Trouflet 1773 im *Journal de musique par une société d'amateurs* ausführlich beschrieben.[142] Er begann mit der Feststellung, daß es Taskins Vorgängern nicht gelungen sei „de graduer les sons comme la nature & le goût l'inspirent à une oreille délicate et à une âme sensible", und daß sie nicht nach Möglichkeiten für das Clavecin gesucht hätten, „d'exécuter les forte, piano, amoroso, gustoso, staccato, etc. & toutes les autres gradations qui figurent avec tant de charmes dans la musique moderne." Auf dem *Clavecin à peau de buffle* dagegen „on parvient aisément alors à faire sentir toutes les variations possibles dans l'exécution, & l'on fait succéder à son gré des sons foibles ou forts, tendres ou éclatans, ce qui produit la surprise la plus flatteuse."

Einen Grund zur Empfehlung von Taskins Instrumenten sah Trouflet auch in dem Umstand, daß die mit Leder bekleideten Tangenten sich im Gebrauch als recht haltbar erwiesen, „ce qui devient très-intéressant pour les amateurs, qui étaient dégoûtés du clavecin par le prompt dépérissement des plumes."

Die hier beschriebenen Vorteile des *Clavecin à peau de buffle* gegenüber den konventionellen Cembali mit Federkielen machen es begreiflich, daß das von Taskin erneuerte Clavecin noch längere Zeit das Eindringen des Pianoforte in die französische Musikpraxis behindern konnte. Auch Trouflet ließ keinen Zweifel aufkommen, welches der beiden Tasteninstrumente er bevorzugte: „J'ose ajouter avec confiance, que le clavecin à buffles est très-supérieur aux pianoforte. Quelque ingénieux que soient ces derniers, ils ne laissent pas d'avoir des défauts essentiels. Placés chez le vendeur, ils ont de quoi plaire & séduire: mais si l'on porte un coup d'œuil attentif sur l'intérieur de leur construction, leur complication effraye à l'instant. Si les dessus en sont charmans, les basses dures, sourdes & fausses semblent donner la consomption à nos oreilles françoises: défaut jusqu'àprésent irremédiable, si l'on ne pratique à ces sortes de clavecins un jeu de flûtes, tel que j'en ai vu à Paris, chez un amateur, pour améliorer les basses & renforcer les dessus." – Außerdem sei das Pianoforte sehr teuer, während Taskins Lederbezug ohne große Kosten bei allen alten französischen, flämischen und italienischen Cembali angebracht werden könne. (In der Tat hat Taskin sich immer mehr auf die Modernisierung von Ruckers-Instrumenten verlegt.)

Aber auch das *Clavecin à peau de buffle* konnte die Entwicklung nicht endgültig aufhalten. Am Pianoforte wurden indessen immer neue Verbesserungen vorgenommen, durch die das Hammerklavier nicht nur an Nuancierungsvermögen, sondern auch an Klangfülle gewann. Den musikalischen Bedürfnissen im ›Zeitalter der Empfindsamkeit‹ konnte das Clavecin immer weniger Genüge leisten, und so hat der aus Straßburg gebürtige Komponist Nicolas-Joseph Hüllmandel, ein Schüler Carl Philipp Emanuel Bachs, in der *Encyclopédie méthodique* von Framery und Ginguené (1791) den Untergang des Clavecin überzeugend dargelegt:

„A mesure que la musique instrumentale s'est perfectionnée le style du clavecin a éprouvé des changemens. Il se ressontoit encore trop, il y a 60 ans, de celui de l'orgue. On a fait depuis une distinction plus juste entre ces deux instrumens. On a donné à la musique de clavecin le genre d'harmonie & d'exécution, la grace & la légèreté qui lui conviennent. Alberti, Scarlatti, Rameau, Mütel, Wagenseil, puis Schobert, ont presqu'en même temps opéré cette révolution. Les différens styles de ces auteurs ont servi pendant plus de vingt-cinq ans de modèle à ceux qui après eux ont composé pour le clavecin. Emanuel Bach, par sa musique savante, agréable & piquante, mériteroit peut-être la première place parmi les artistes originaux; mais comme il composoit pour le piano-forte, usité en Allemagne avant d'être pour ainsi dire connu ailleurs, il ne doit pas être confondu parmi eux. Il en est de même de divers auteurs qui, donnant à leur musique des nuances graduées, des oppositions & une mélodie convenables au son & aux ressources du piano-forte, ont préparé ou décidé la chûte du clavecin."[143]

★

Die Einleitung, die Johann Gottfried Eckard der Edition seiner *Six Sonates* voranstellte, enthält die etwas sonderbar anmutende Bemerkung, daß der Autor keine Zeichen für „doux" und „fort" notiert hätte, wenn seine Musik nur für das Clavecin bestimmt gewesen wäre, – als ob nicht jedes größere Cembalo einen Kontrast zwischen piano und forte erzeugen könne! Dabei gab es schon längst etliche Kompositionen für das Cembalo mit genau festgelegter Terrassendynamik; so hat z.B. Jean Philippe Rameau in seinem berühmten Charakterstück *La Poule* (enthalten in den um 1728 erschienenen *Nouvelles Suites de Pièces de Clavecin*) die Worte „doux" und „fort" benutzt, und im *Concerto nach Italienischem Gusto* und in der *Ouverture nach Französischer Art*, die Johann Sebastian Bach 1735 im 2. Teil seiner *Clavier-Übung* publizierte, ist sorgfältig angegeben worden, welche Episoden *piano* und welche *forte* gespielt werden sollen.

Vermutlich aber meinte Eckard mit seiner Bemerkung die ganze Skala von dynamischen Schattierungen, deren schriftliche Fixierung sich während der ersten Hälfte des 18. Jahrhunderts außerhalb des Bereichs der Tasteninstrumente vollzogen hat, bis Carl Philipp Emanuel Bach, Johann Gottfried Müthel und Eckard selbst sie beim Klavier anwendeten.

Die ›Übergangsdynamik‹, welche die Möglichkeit eines crescendo und decrescendo voraussetzt, hat sich am frühesten in der Vokalmusik manifestiert. Die ersten diesbezüglichen Vortragszeichen sind anzutreffen in den *Dialoghi e Sonnetti* und den *Madrigali a cinque voci et altri Concerti* von Domenico Mazzocchi, 1638 in Florenz erschienen. Hier findet man – abgesehen von den Ausdrücken *piano* und *forte* – die Buchstaben C benutzt für *crescendo*, E für *echo* und V für *messa di voce*, das An- und Abschwellen eines Tons (nicht zu verwechseln mit *mezza voce!*). Für ein *decrescendo* hat Mazzocchi keinen speziellen Buchstaben eingeführt; jedoch deuten die Worte *sempre più piani* unverkennbar auf ein allmähliches Abnehmen der Klangstärke hin.[144]

Auch in späteren Jahren hat man sich noch mit solchen Ausdrücken behelfen können, so z.B. Matthew Locke, der in seiner Bühnenmusik für *The Tempest* (1675) mit „*soft – softer*" und „*lowd – lowder by degrees*" arbeitete.

Wie sehr schon um 1700 die Differenzierung in der Übergangsdynamik fortgeschritten war, zeigt der *Dictionnaire de Musique* (Paris 1703) von Sébastien de Brossard. Darin sind die damals in Italien gebräuchlichen dynamischen Zeichen wie folgt übersetzt und erklärt:

PIANO, en abregé *Pian.* ou quelques fois *Pia.*, ou simplement par un *P* majuscule ou par un petit *p*, veut dire ceque nous exprimons en François par le mot *Doux*, c'est à dire, qu'il faut *adoucir* ou *diminuer* tellement la force de la Voix ou de l'Instrument que cela passe comme un Echo.

PIU PIANO, ou *PP*, ou *pp*, veut dire *plus doux*, ou comme un second Echo, *moins fort*, ou qui paroisse plus éloigné que le premier.

PIANISSIMO, ou *PPP*, ou *ppp*, veut dire *très-doucement*, comme un troisième Echo, & comme si la Voix, ou le Son de l'Instrument se perdoient dans l'air.

PIANO PIANO, ou *Pian. Piano*, c'est comme *Piu Piano* ou *Pianissimo*.

FORTE veut dire *Fortement*, avec vehemence, cependant d'une maniere naturelle & sans en trop forcer. Cela se met pour marquer qu'il faut *pousser la Voix*, ou le Son d'un Instrument, sur tout après que par le mot *Piano*, (qui est le contraire de *forte*,) on a été obligé *d'adoucir*, ou de la rendre *moins forte*. On marque souvent ce mot par une simple *F*, majuscule, ou par un *f*.

PIU FORTE, ou *FF*, ou *ff*, veut dire *plus fortement*.

FORTISSIMO, ou *FFF*, ou *fff*, veut dire *très-fort*, avec beaucoup de vehemence, pour exprimer quelque passion outrée, etc.

Daß es sich bei diesen von dem jetzigen Brauch abweichenden Definitionen nicht um eine theoretische Marotte handelt – Johann Gottfried Walther hat sie noch 1732 in sein *Musikalisches Lexikon* in wörtlicher Übersetzung übernommen! –, sondern um die Wiedergabe der damaligen Praxis, haben Marc Pincherle und Walter Kolneder am Werk Antonio Vivaldis überzeugend darlegen können. Die Folge *f – più f – ff* kommt bei Vivaldi öfter vor, mehr noch die Folge *p – pp – pianissimo*. (Übrigens hat A. Gentile letztgenannte Folge schon in einer Kantate von Alessandro Stradella entdeckt.[145]) Damit ist die hartnäckige Behauptung von vielen Barock-Spezialisten, daß es vor dem Mannheimer crescendo, also vor etwa 1740, im europäischen Musizieren keine Übergangsdynamik gegeben habe, vollends in das Reich der Fabeln verwiesen worden. Kolneder hat die vivaldische Dynamikskala in der nachfolgenden Reihe zusammengefaßt:

pianissimo – piano molto – piano assai – mezzo p – pp – p – quasi p – mezzo forte – un poco forte – f – f molto – più f – ff

„Welch Schreckensbild für einen Terrassendynamiker!" fügt er ironisch hinzu;[146] aber dieser könnte entgegnen, daß es bei Vivaldi und seinen italienischen Zeitgenossen zahllose Kompositionen gibt, die keinerlei dynamische Zeichen aufweisen, oder nur mit *f* und *p* versehen sind. Man darf aber annehmen, daß auch in diesen Fällen *crescendo* und *decrescendo* zu den Selbstverständlichkeiten gehört haben, denen z.B. Komponisten wie Geminiani, Veracini, Manfredini und Jommelli ebensosehr Rechnung trugen wie Stamitz, dessen größtes Verdienst in dieser Beziehung wohl darin besteht, daß er in seiner Mannheimer Kapelle eine Orchesterdisziplin herbeigeführt hat, wie sie damals bei noch keinem anderen Orchester in Europa existierte.

Es ist für unsere heutigen Begriffe auffallend, daß die uns sosehr vertrauten Schwellzeichen $<$ für *crescendo,* $>$ für *decrescendo* und $< >$ für *messa di voce* erst spät in der Musik-Notation des 18. Jahrhunderts auftauchen. Das früheste uns bekannte Beispiel sind die *Sonate a violino solo e violoncello col cimbalo, opera prima* von Giovanni Antonio Piani (auch Des Plantes genannt), die 1712 bei Foucault in Paris erschienen sind; hier sind die Zeichen noch massiv wie ein Keil schwarz ausgefüllt, aber seit *Le prime Sonate a violino, e basso* von Francesco Geminiani (London 1739) haben sie die jetzt gebräuchliche Form. Rameau hat seit 1733 die Zeichen $\diagup\!\!\!\rceil$ und $\lceil\!\!\!\diagdown$ angewendet, meist nur als dynamische Differenzierung von zwei aufeinanderfolgenden Tönen (insbesondere bei kurzen oder langen Vorschlägen). In dieser Form werden sie noch 1761 von Joseph-Barnabé Saint-Sevin, genannt l'Abbé le Fils, in seinem Lehrbuch *Principes du Violon*[147] bei längeren Strecken angewendet, abwechselnd mit der Folge *Pianissimo – Piano – Forte.* (Abb. 15.)

Solche Stellen ließen sich immer noch mit Hilfe der traditionellen Terrassendynamik realisieren. Mit Recht hat Lothar Hoffmann-Erbrecht darauf hingewiesen, daß „nicht jede musikalische Phrase, die mit diesen dynamischen Abstufungen erscheint, als Crescendo oder Diminuendo im Sinne eines modernen An- und Abschwellens anzusprechen" sei.[148] Eine Episode wie die in Notenbeispiel 1 wiedergegebene fordert dagegen ein unverfälschtes ›Mannheimer Crescendo‹; sie befindet sich in den *Pièces de Clavecin dans tous les Genres avec et sans Accompagnement de Violon,* œuvre Iere, die Simon Simon („Maître de Clavecin") vermutlich um 1760 hat drucken lassen.[149] In diesen Takten ist buchstäblich alles auf Steigerung eingerichtet:

Abb. 15

nicht nur, daß die Violinstimme sich mittels eines *crescendo* –
zum erstenmal in einem französischen Druck vollständig aus-
geschrieben – empor schwingt und diese Wirkung auch noch
mit Doppelgriffen verstärkt, sondern auch das Clavecin erreicht
den gleichen Effekt, indem es mit dem *petit clavier* beginnt, auf
das *grand clavier* übergeht und im Klangbild durch zunehmende Vollgriffigkeit kompakter wird und dadurch immer vo-
luminöser wirkt. Dieses Verfahren, das auch bei Johann Sebastian Bach häufig anzutreffen ist[150] – z.B. im b-moll-Präludium
(Nr. XXII) des 1. Teils des *Wohltemperierten Klaviers*, wo in
Takt 20–22 der vierstimmige Satz sich allmählich zu einem
neuntönigen Akkord steigert, aber auch in zahlreichen Schluß-
kadenzen von streng-vierstimmigen Fugen –, konnte natürlich
den von der Technik her bedingten Mangel an Ausdrucksvermögen beim Clavecin nicht aufheben, und das gab Simon Anlaß, einige seiner im Opus I vereinigten „Suites pour le Clavecin" mit einer Violinbegleitung zu versehen, „parceque la Mélodie, qui perd les graces de sa rondeur dans les sons désunis du
Clavecin, sera soutenue par les sons filés et harmonieux du Violon."[151] Gerade diese Überlegung lag der Entwicklung der Klaviersonate mit Violinbegleitung zu Grunde, die in den Jahren
1760 – 1790 besonders in Frankreich kultiviert wurde, bis einerseits das Pianoforte weit genug verbreitet war, um nach der
Hochblüte der *Pièces de Clavecin* eine selbständige Klaviersonate ohne Begleitung möglich zu machen, und andererseits die
Violine nach ihrer dominierenden Position im Generalbaßzeit-
alter endlich wieder als obligates Instrument die Herrschaft des
Klaviers von sich abschütteln konnte.

★

Man könnte erwarten, daß die Erfindung Cristoforis, seit sie
1711 öffentlich bekannt wurde, die italienischen Klavierkom-
ponisten veranlaßt habe, die neuen Möglichkeiten, die das Pianoforte ihnen bieten konnte, sofort auszunützen. Das war aber
nicht der Fall; nur *ein* Druck ist bis jetzt aufgefunden worden,
der (wenigstens auf dem Titelblatt) das neue Instrument namentlich erwähnt: die zwölf *Sonate da cimbalo di piano e forte
detto volgarmenti di martelletti*, *Opera prima* von Lodovico
Giustini aus Pistoia, 1732 in Florenz erschienen und von Gerhard Fredrik Witvogel in Amsterdam um 1741 nachgedruckt.[152]
Dennoch handelt es sich hier um typische Cembalomusik, die

noch überwiegend der traditionellen Suite verpflichtet ist und überdies satztechnisch eine primitive Einfalt verrät; auch der genau bezeichnete Wechsel zwischen *f* und *p* ist an sich nichts besonderes, und nur zwei Stellen mit der Folge *f – p – pp* könnten darauf deuten, daß der Komponist etwas von einer Übergangsdynamik gespürt hat.

Es ist wahrlich nicht verwunderlich, daß diese ›Sonaten‹ bei den komponierenden Zeitgenossen keinerlei Beachtung fanden; nach wie vor blieben auch die modernen zwei- und dreiteiligen italienischen Sonaten von Alberti, Galuppi, Merola, Marcello, Paganelli, Palladini, Pampini, Pescetti, Rutini, Sammartini, Domenico Scarlatti, Tasso und vielen anderen dem Cembalo vorbehalten, und in den gedruckten Ausgaben dieser Musik, wie sie z.B. in den Jahren 1756 bis 1765 unter dem Titel *Raccolta musicale* in fünf Heften bei Johann Ulrich Haffner in Nürnberg erschienen sind, fehlen dynamische Zeichen ebenso völlig wie in den zweimal *XX Sonate di vari autori,* die Jean-Baptiste Venier in Paris 1758 und 1760 publizierte. (Vielleicht hatte Eckard gerade diese Editionen im Auge, als er seinen oben zitierten *Avertissement* formulierte.)

Dennoch war Haffner einer der ersten Verleger, der Klaviersonaten mit dynamischen Zeichen druckte. Nachdem Carl Philipp Emanuel Bach 1742 seine sechs Friedrich II. gewidmeten sogenannten ›Preußischen Sonaten‹ bei Balthasar Schmid in Nürnberg hatte erscheinen lassen,[153] gab Haffner 1744 die sechs ›Wurtembergischen Sonaten‹ auf seine Kosten heraus,[154] und 1756 folgten die *III Sonates et II Ariosi avec XII Variations pour le Clavessin* von Johann Gottfried Müthel.[155] Obwohl in allen diesen Ausgaben auf den Titelblättern nur das Cembalo vorgeschrieben ist, deuten die benutzten Vortragszeichen unverkennbar auf das Clavichord bzw. das Pianoforte hin.

In den Preußischen Sonaten mit ihren oft ausgeschriebenen *piano* und *forte* fordern die meisten Stellen noch eine Registerdynamik, wenn auch die Folge *f – p – pp* im letzten Satz der 2. Sonate sich nur auf einem Clavichord oder Hammerklavier einwandfrei realisieren läßt, und das gilt in noch höherem Grade für die abrupten Wechsel von *f* nach *p* in aufeinanderfolgenden kurzen Notenwerten. Auch in den Württembergischen Sonaten beschränkt sich die Dynamik auf *piano* und *forte,* doch hier wird auch das Wort „*pianiss.*" verwendet.

Bei Müthel gibt es eine feinere Abstufung; zwar überwiegen in seinen auffallend eigenwilligen und phantasiereichen Sonaten und Variationen die Ausdrücke *poco p* und *poco f*, und werden *pp* und *ff* nur ausnahmsweise vorgeschrieben, aber es läßt sich nicht leugnen, daß wiederholt crescendo- und decrescendo-Effekte beabsichtigt sind.

Inzwischen war 1753 in Berlin der erste Teil des berühmten Lehrbuchs *Versuch über die wahre Art das Clavier zu spielen* von Carl Philipp Emanuel Bach „in Verlegung des Auctoris" erschienen, nebst den „achtzehn Probe-Stücken in sechs Sonaten", mit denen Bach seinen Text erläutert hat. In diesen unverkennbar für das Clavichord bestimmten Sonaten, die der junge Eckard zweifellos gründlich studiert hat, sind – mit den früheren Werken Bachs verglichen – noch einige dynamische Abstufungen hinzugekommen, und zwar *mf, ff* und *ppp*. Die ganze Skala ist enthalten im langsamen Satz der V. Sonate; er verdient, hier in Faksimile wiedergegeben zu werden (Abb. 16), weil er zeigt, daß bei Emanuel Bach die Dynamik ausschließlich als Ausdrucksmittel eingesetzt wurde, um den Gefühlsgehalt der Musik im Vortrag so prägnant wie möglich hervorzuheben, und also nicht nur eine strukturelle Funktion hat.

Damit unterscheidet er sich prinzipiell von Johann Joachim Quantz, der in seinem ein Jahr zuvor erschienenen *Versuch einer Anweisung die Flöte traversière zu spielen* die dynamischen Unterschiede in erster Linie dazu benutzt, die verschiedenen Wirkungen der von ihm in drei „Classen" eingeteilten Dissonanzen im Zusammenklang zu betonen.[156] Einer solchen rationellen Einstellung gegenüber verhält sich Emanuel Bach fast wie ein Romantiker, und das gilt a fortiori für Johann Gottfried Eckard, der in seinen Klaviersonaten einen wirklichen Durchbruch in Richtung einer gefühlsgeprägten Dynamik zustande gebracht hat, – nicht nur im Hinblick auf die konservativen Pariser Verhältnisse.

Eckard läßt keinen Zweifel darüber aufkommen, daß er die Vorteile des Pianoforte für seine Musik in jeder Hinsicht hat benutzen wollen, der lapidaren Äußerung von Quantz gemäß: „Auf einem Pianoforte kann alles erforderliche am allerbequemsten bewerkstelliget werden."[157] In seinen *Six Sonates* Op. I treten – zum erstenmal in der Geschichte der Klaviermusik! – die Worte *crescendo* und *legato* auf, in den *Deux Sonates* Op. II überdies *un poco cresc.*, *rinf.*, *dolce* und *tenute*; auch *mezzo forte* und *mezzo piano* kommen schon im Opus I vor (im Opus II selbst *mezza voce!*), aber vermutlich können diese Abstufungen mit Müthels *poco f* und *poco p* gleichgestellt werden.

88

Abb. 16

Das Wort *decrescendo* fehlt auch bei Eckard, aber das hat kompositorische Gründe: er schließt nämlich gerne nach einem *forte* oder *fortissimo* abrupt ein *piano* oder *pianissimo* an. Wo die Folge *f – p – pp* auftritt, ist meistens die traditionelle Registerdynamik im Spiel. Diese kann übrigens auch bei der umgekehrten Folge eine Rolle spielen; allein im Opus I gibt es – wie Lothar Hoffmann-Erbrecht festgestellt hat[158] – 23 *crescendi*, von denen sieben mit diesem Wort bezeichnet sind. Auch wo das Wort fehlt, handelt es sich aber zumeist um die ›moderne‹ Übergangsdynamik, die in solcher Häufigkeit und Konsequenz bei keinem Zeitgenossen anzutreffen ist (Beisp. 2 – 10).

Man könnte sich darüber wundern, daß Eckards Initiative vorerst keine Nachahmung fand, nicht einmal bei den Pariser Kollegen – Schobert, Honauer, Raupach cum suis –, von denen insbesondere Schobert allen Anlaß gehabt hätte, den ›pianistischen‹ Charakter seiner Sonaten mittels dynamischer Vorschriften zu unterstreichen, denn die stereotype Beschränkung auf das Clavecin kann bei ihm nicht mehr bedeutet haben als ein Zugeständnis an den herrschenden Geschmack. In dieser Hinsicht hat Eckard sich unzweideutiger benommen, als er die romantische Gefühlswelt, die er früher als die meisten seiner Zeitgenossen zu erkunden begann, auch äußerlich dokumentierte; denn in seiner Musik offenbart sich bisweilen eine dramatische Leidenschaft, die den herannahenden „Sturm und Drang" zu prophezeien scheint. In solchen wahrhaft genialischen Episoden hat Eckard seine originelle Meisterschaft gezeigt, mit der er die starren Konventionen einer veralteten Clavecinkunst durchbrach und der französischen Klaviermusik den Weg zu einem ausdrucksvolleren und feiner differenzierten Klangstil bahnte. Hierin gründet sein Ansehen bei ›Kennern und Liebhabern‹, auch bei dem jungen Mozart, für den der Romantiker Eckard gewiß mehr bedeutet hat, als man aus dem Umstand ableiten könnte, daß Eckard mit seiner Sonate Op.I No.4 in Mozarts ›Pasticcio-Konzerten‹ neben Raupach, Honauer und Schobert nur einen bescheidenen Platz einnimmt.

JOHANN GOTTFRIED ECKARD ALS KOMPONIST

Die Vorbilder

Als Johann Gottfried Eckard im Herbst 1758 in Paris eintraf, um dort entweder als Maler oder als Musiker sein Glück zu versuchen, wird ihn zweifellos die Vielfalt an kompositorischen Gattungen und Formen überrascht haben, die für die damalige französische Instrumentalmusik kennzeichnend war.

In erster Linie gab es die große Tradition der Clavecinisten, weshalb sich die Bezeichnung *Pièces de Clavecin* – von François Couperin zum Symbol klassischer Schönheit erhoben – noch weit in die zweite Hälfte des 18. Jahrhunderts hinein behaupten konnte, während in Italien und Deutschland schon längst der Titel *Sonata* für mehrsätzige Klavierwerke gebräuchlich geworden war.

Eine Chronologie der wichtigsten Sammlungen von *Pièces de Clavecin*, seit dem Anfang des 18. Jahrhunderts in Frankreich erschienen, kann einen Eindruck geben von der ungeheueren Popularität, die diese Kunstform damals genoß. Im Jahre 1702 eröffnete Marchand die Reihe mit seinem ersten *Livre de Clavecin*, dem sich 1703 ein zweiter anschloß; 1704 folgte Clérambault, 1705 Le Roux, 1706 Rameau, 1710 Siret, 1713 und 1717 Couperin, 1719 Siret, 1722 Couperin, 1724 Rameau und Dandrieu, 1728 Dandrieu, 1730 Couperin, 1731 Rameau, Dornel und Durocher, 1733 Dagincourt, 1734 Dandrieu, Février und Corrette, 1735 Daquin und Demars.

Inzwischen hatte Mondonville 1734 seine *Pièces de Clavecin en Sonates* publiziert; es handelte sich dabei aber um Klaviermusik „avec accompagnement de Violon", eine Gattung, die als Vorläufer der klassischen Klavier-Violin-Sonate betrachtet werden kann und der sich in den nachfolgenden Jahren Komponisten wie Guillemain (1740), Corrette (1750), Damoreau le Jeune (1754), Clément (1755), d'Herbain (1756), Noblet (1757), Simon (um 1760) und ihre späteren französischen, deutschen und englischen Nachfolger gewidmet haben.

Erst Jean Barrière trat 1739 mit dem Titel *Sonates et Pièces de Clavecin* in Erscheinung, der die ›moderne‹ Klaviersonate wenigstens dem Namen nach in Frankreich introduzierte. Dennoch blieben die *Pièces de Clavecin* bis zum großen Umschwung um 1760 gang und gäbe; zu verzeichnen sind die Sammlungen von De Bury (1737), Véras (1740), Duphly (1744), Barrière (1745), Royer (1746), Duphly (1748), Fouquet (1751), Armand-Louis Couperin (1752), Moyreau (1753), Duphly (1758), Gravier und Balbastre (1759).

Alle diese *Recueils* beruhen im Prinzip auf dem Vorbild Couperins: sie enthalten stilisierte Tänze in unbestimmter Zahl, entweder mit ihren traditionellen Namen – *Allemande, Courante, Sarabande, Gavotte, Rondeau, Gigue* etc. –, oder mit poetischen, programmatischen oder porträtistischen Titeln versehen. Als Beispiel für alle sei auf die 1759 erschienenen *Pièces de Clavecin, Premier Livre, dédié à Madame de Caze* von Claude Balbastre hingewiesen.[159] Die 17 Stücke in diesem Band bringen schon mit ihren Namen das Zeitalter Couperins in Erinnerung: *La De Caze* („Ouverture"), *La D'Héricourt, La Ségur* („Gavotte"), *La Marmontel ou La Brunoy, La Boullogne, La Castelmore* („Louré, Air Champêtre"), *La Courteille* („Air"), *La Belland, La Lamarck* („Ouverture"), *La Berville* („Gavotte"), *La Lugeac* („Giga"), *La Suzanne, La Genty* („Badine"), *La Malesherbe* („Ariette gracieuse"), *La Berryer ou la Lamoignon* („Rondeau"), *La Laporte, La Morisseau.* Aber auch in stilistischer Hinsicht ist diese Klaviermusik fast überall einer vergangenen Zeit verhaftet geblieben, dabei konventionell, meistens oberflächlich und oft selbst banal in der thematischen Substanz, besonders da, wo sie sich modische Italianismen anzueignen versucht. Man kann es verstehen, daß der 23jährige Eckard – mit den Sonaten eines Emanuel Bach im Reisegepäck – bei dem gefeierten Pariser Organisten Balbastre keine Inspiration für sein eigenes Schaffen finden konnte.

Während in der französischen Klaviermusik die glanzvolle Tradition allmählich zur Konventionalität erstarrte, hat die gleichzeitige Kammermusik die Gefahren eines einengenden Chauvinismus weitgehend ausschalten können, da sie sich schon früh von der welterobernden italienischen Violinschule und speziell von der Musik Corelli's hat beeinflussen lassen. François Couperin ist offenbar der erste gewesen, der eine Trio-Sonate im italienischen Stil für zwei Violinen und Basso continuo veröffentlicht hat, und zwar die Sonate *La Françoise*, die 1726 am Anfang der vierteiligen Sammlung *Les Nations, Sonades* et *Suites de Simphonies en Trio* gedruckt, jedoch schon vor 1693 in nahezu identischer Form als *La Pucelle* komponiert

worden ist,[160] – also innerhalb von zehn Jahren nach dem Erscheinen von Corelli's epochemachendem Opus I, *Sonate da
Chiesa a tre*, 1683. (Schon 1724 hatte Couperin seine Verehrung
für den italienischen Meister in einer „Grande Sonade en Trio"
Le Parnasse ou l'Apothéose de Corelli zum Ausdruck gebracht.)

Die Trio-Sonate ist in Frankreich vor allem wichtig geworden, weil sie oft in mehrfacher Besetzung zu einem Orchester-
werk erweitert wurde, ohne daß dazu in der Komposition, nicht
einmal im Titel, etwas geändert zu werden brauchte. Was nämlich vor der Mitte des 18. Jahrhunderts an französischer Orchestermusik geschrieben worden ist, kann nicht einfach mit dem
Namen *Symphonie* bezeichnet werden; es hat auf diesem Gebiete damals eine Sprachverwirrung geherrscht, die lange Zeit
die Worte *Symphonie, Sonate, Concerto* und *Ouverture* zu Syn-
onymen gemacht hat. Als Mondonville im Februar 1749 seine
*Pièces de Clavecin en Sonates avec accompagnement de Vio-
lon* von 1734 im Concert Spirituel in orchestraler Besetzung
aufführen ließ, wurde diese Bearbeitung als „mise en grand concerto" bezeichnet,[161] und einige Monate später als „mise en
grande symphonie".[162] Auch die Komponisten selbst trugen das
ihrige zur Verwirrung bei; so publizierte Couperin, wie gesagt,
1726 seine *Sonades et Suites de Simphonie en Trio*, Jacques Aubert 1730 ein *Concert de Symphonies en six Suites* und Papavoine 1757 *Grandes Symphonies en Concerto*. Auch in den anderen Ländern fehlte noch eine einheitliche Terminologie; so
nannte man in Italien eine Ouverture meistens *Sinfonia*, in
Deutschland eine Symphonie oft *Ouverture*, und in England
eine Ouverture wiederum *Concerto*. (Überdies wurde im Englischen eine Sonate vielfach als *a Lesson* bezeichnet!)

Wie dem auch sei, in Frankreich wurde um die Mitte des 18.
Jahrhunderts im allgemeinen eine *Symphonie* [oder *Sonate*] en
Trio als die normale Form von Orchestermusik angesehen, wo-
von Rousseau bezeugte: „Cette espèce de composition passe
pour la plus excellente, doit être aussi la plus régulière de toutes".[163] Die Bezeichnung *Trio* bezog sich, wie Rousseau ausein-
andersetzte, ausschließlich auf die „parties principales et obli-

---

* In einer Anmerkung zu *La Paix du Parnasse* (dem Schlußteil des
  1725 publizierten „Concert instrumental" *l'Apothéose de Lully)*
  hatte Couperin die Terminologie „Sonade, Cantade, ainsi qu'on
  prononce Ballade, Sérénade etc." befürwortet.

gées, et l'on n'y comprend ni les accompagnements, ni les remplissages: de sorte qu'une musique à quatre ou cinq peut n'être pourtant qu'un trio."[164] Man kannte aber auch den „double trio, dont les parties sont doublées et toutes obligées",[165] was wenigstens bezüglich der Besetzung der späteren Symphonie am nächsten kam. Das Repertoire von derartigen Symphonien aus dem 18. Jahrhundert bezeugt durch seinen Umfang und seine Vielfältigkeit, daß auch im Lande der Clavecinisten eifrig nach einer befriedigenden Form von Orchestermusik gesucht worden ist. So nimmt denn auch nicht Wunder, daß zum Beispiel die schon erwähnten *Six Sonates à trois parties concertantes qui sont faites pour exécuter ou à trois ou avec toutes l'orchestre, œuvre I* von Johann Stamitz im Jahre 1755 bei den Pariser Musikern und Musikliebhabern volle Anerkennung und Zustimmung fanden.

Die Vielschichtigkeit, in der sich die Trio-Sonate in Frankreich entwickelt hat, zeigte sich bei der gleichzeitigen Duo-Sonate für Violine und beziffterten Baß in keiner Weise. Die ältesten Werke dieser Art, die vollständig erhalten geblieben sind, hat Jean-Ferry Rebel 1695 komponiert, aber erst 1712–13 publiziert: *Douze Sonates à II ou III parties, avec la basse chiffrée.* In den Jahren vor 1734 – als die ersten Klaviersonaten mit Violinbegleitung (also der Gegenpol der Continuosonate) erschienen – folgten ähnliche Werke von Duval (1704, 1707, 1708, 1715, 1718 und 1720), Mascitti (1704, 1706, 1707, 1711, 1714, 1722, 1727 und 1731), De la Ferté (1707), Marchand le Fils (1707), Clérambault (Manuskript, um 1710), Senaillé (1710, 1712, 1716, 1721 und 1727), Louis Francœur (1715 und 1726), Aubert (1719 und 1731), Besson (1720), François Francœur (1720 und 1730), Bouvard (1723), Denis (1723 und 1727), Leclair (1723, 1728 und 1734), Anet (1724 und 1729), Quentin (1724, 1726, 1728 und 1730), Favre (1731), Mondonville (1733) und Guillemain (1734).

Auch diese umfangreiche Produktion basierte auf einem italienischen Vorbild, der vielsätzigen *Sonata da Camera* mit ihrem Tanzcharakter. Dabei spielte aber auch die französische *Suite de Clavecin* eine Rolle, und so sehen wir in dieser ersten Entwicklung Sonaten für Violine mit bezifffertem Baß entstehen, die sich aus einer unbestimmten Anzahl von stilisierten Tanzstücken zusammensetzen – De Brossard spricht von „4, 5 ou 6 mouvements",[166] aber es gibt auch Sonaten mit 7 und 8 Sätzen (u. a. in Rebels *Recueil* von 1695) –, die meistens ihre ursprünglichen Namen behielten oder mit italienischen Tempo-

94

Bezeichnungen – *allegro, andante, adagio, presto* etc. – versehen wurden. Daneben treten auch französische Ausdrücke wie *lentement, viste, gay* (schon bei Rebel) in Erscheinung. Ebenso wurde mit Vorliebe eine *Aria* oder ein *Air*, aus der vokal-dramatischen Musik abgeleitet, eingefügt. Das Wiederholen eines Satzes mit veränderter Rhythmik, das Übergewicht in einer Sonate von entweder langsamen oder schnellen Sätzen, die Einheit in der Tonalität, oft auch in der Thematik, zeigt eine überraschende Mischung von französischen und italienischen Stilelementen.

Aber auch die *Sonata da Chiesa* hat ihre Spuren in der französischen Sonatenliteratur hinterlassen. Die Viersätzigkeit, die langsame Einleitung und die meistens fugatische Behandlung des ersten Allegro haben die französischen Komponisten immer mehr angezogen; die alten Tänze verloren mit der Zeit ihren spezifischen Charakter, und so konnte man um 1734, als Mondonville seine Klaviersonaten mit Violinbegleitung veröffentlichte, bei der Violinsonate mit beziffertem Baß im allgemeinen die folgende Einteilung antreffen: eine langsame Einleitung gefolgt von einem Allegro im Charakter einer Allemande, als dritter Satz ein langsames, expressives Stück, oft in der Molltonart und *Aria, Sarabande* oder *Gavotte* genannt, und als letzter Satz ein *Presto* oder eine *Gigue.*

Die endlich konsolidierte französische Continuosonate hat sich durch die für die spätere Entwicklung fruchtbarere Klaviersonate mit Violinbegleitung nicht verdrängen lassen; bis spät ins 18. Jahrhundert hinein blieb ihr Ansehen in Frankreich erhalten (viel länger als in Italien, Deutschland oder England); sonst wäre es undenkbar gewesen, daß auch nach 1734 in unaufhörlichem Regelmaß eine Sonatensammlung nach der anderen in Druck erschien: von Guignon 1737 und 1742, Mondonville 1738, Cupis 1738 und 1742, Canavas 1739, Dauvergne 1739, Lemaire 1739, Travenol 1739, Hanot 1740 und 1745, De Tremais 1740, Exaudet 1744, Le Blanc 1747, Branche 1748, Pagin 1748, Piffet le Cadet 1750, Louis Aubert 1750, Miroglio 1750, Sohier 1750, Mathieu 1756 und 1765, Gaviniès 1760 und 1764, Vachon 1761 und 1762, l'Abbé le Fils 1764 und viele andere.

Mit den *Six Sonates à Violon seul et Basse, Oeuvre VIII* vom letztgenannten Komponisten[167] ist das Endstadium der Entwicklung dieser Gattung erreicht, gerade um die Zeit, als Ekkard mit seinen Sonaten an die Öffentlichkeit trat. Die Dreisätzigkeit ist hier Regel geworden, und zwar in der Folge schnell-langsam-schnell. Nur in der 5. Sonate ist die Dreisätzigkeit scheinbar aufgehoben, da es äußerlich nur zwei Sätze gibt, ein *Allegro* und eine *Gigua gratiosa* (beide in moll); mitten in der *Gigua* aber ist ein *Minuetto* in der gleichen Dur-Tonart als *Trio* aufgenommen, wonach die *Gigua* wiederholt wird. In ihrer äußeren Form ist l'Abbé's Violinsonate also den anderen damaligen Sonaten ähnlich, auch was die melodischen Typen, die (ausführlich bezifferte) Harmonik und die dynamischen Zeichen anbelangt. (So kommen im Rondeau der 3. Sonate die offenen pfeilförmigen crescendo-Zeichen vor.) Außerdem gebührt l'Abbé die Ehre, der erste gewesen zu sein, der in seinem Opus VIII die *ausgeschriebene* virtuose Kadenz in die französische Sonate introduziert hat.[168] Eine Erinnerung an die alte Zeit stellen die Eigennamen dar, die am Anfang jeder Sonate als Motto angegeben sind: *La Grignon, La Bercy, La Monteuil, La du Vaucel, La Méry* und *La Verine* – auch hier eine höfliche Geste gegenüber Freunden und Gönnern des Komponisten.

Obwohl um 1770 die Violinsonate mit beziffertem Baß dem Untergang geweiht erschien – in diesem Jahr wurden die 1748 erschienenen Sonaten von Pagin neu herausgegeben mit einer ausgearbeiteten Klavierstimme! –, ist die Generalbaßpraxis bis zum Ende des 18. Jahrhunderts in Frankreich ausgeübt worden; als Jean-Baptiste Cartier 1798 den Sammelband *l'Art du Violon* herausgab, konnte er zurückgreifen auf eine reichhaltige Produktion von Violinsonaten mit Basso continuo von italienischer, französischer und deutscher Herkunft, wobei die meisten der obenerwähnten Komponisten vertreten sind,[169] – ein Beweis, daß ihre Musik damals noch ihren Platz in der Aufführungspraxis hatte behaupten können.

★

Als Eckard gegen 1760 an die Arbeit ging, konnte er auch von Stil- und Formelementen aus anderen Bereichen Gebrauch machen. Wie gesagt war ihm wahrscheinlich schon von Augsburg her die Musik Carl Philipp Emanuel Bach's vertraut, und vielleicht sind ihm damals auch andere Haffner-Ausgaben unter die Augen gekommen. In Paris wird er sofort nach seiner Ankunft die neue italienische Klaviermusik kennengelernt haben, die 1758 und 1760 bei Venier erschienen war (siehe oben S. 64), und ihm die Bekanntschaft mit Komponisten wie Domenico Alberti, Baldassare Galuppi, Domenico Scarlatti – um nur die Wichtigsten zu nennen – verschaffte. Der Einfluß Albertis ist um 1760 – zwanzig Jahre nach seinem Tode! – sehr stark gewesen, d. h. die Baßfigur, die ihm ihren Namen verdankt. Man kann ruhig sagen, daß der Alberti-Baß die europäische Klaviermusik substantiell verändert hat. Gerade in der Zeit, als der Dilettant anfing sich die Klavierliteratur anzueignen, erschien ein Stilelement, das das Schwergewicht im Klavierspiel von der linken Hand zur rechten verlagerte und es dem Spieler gleichzeitig möglich machte, sich hauptsächlich auf den Vortrag der Oberstimme zu konzentrieren, ohne dabei von den einfachen, stereotypen Akkordbrechungen in der linken Hand gestört zu werden, zumal die völlige Abwesenheit jeglicher Polyphonie alle technischen Schwierigkeiten radikal ausschaltete, die bei der kontrapunktischen Schreibweise entstehen können. Ein Klangmuster wie das in Beispiel 11 wiedergegebene (es bildet den Anfang der 6. Sonate von Domenico Alberti) hat fast alle Komponisten in Europa auf irgendeine Weise zur Nachahmung angeregt. Selbst ein Mozart hat sich sein Leben lang mit Vorliebe dessen bedient, und nicht nur in seinen leichteren Arbeiten; er aber wußte mühelos die Gefahr zu vermeiden, die der Alberti-Baß für weniger einfallsreiche Musiker bedeutete, nämlich in leere, geistlose Monotonie zu verfallen. Für einen begabten Komponisten bot der Alberti-Stil die Möglichkeit zu einer ausdrucksvollen, kantablen Melodik, selbst auf dem Clavecin, und er konnte auf diesem Wege eine Angleichung des Klaviers an die Expressivität der Singstimme und der Streich- und Blasinstrumente zustande bringen. In dieser Hinsicht ist auch das unbegleitete Klavierkonzert, das schon bei Vivaldi (vielleicht als Bearbeitung) anzutreffen ist und besonders in Deutschland Interesse fand – man denke nur an J. S. Bachs *Concert in italienischem Gusto* (1735) und an die unbegleiteten Klavierkonzerte von C. Ph. E. Bach und seinen Berliner Zeitgenossn –, äußerst fruchtbar gewesen.

Nachdem Domenico Scarlatti schon um 1730 die spezifische Klavier*technik* aus ihrer Abhängigkeit von der Orgel befreit hatte, arbeiteten die jüngeren Italiener an einer Erneuerung des Klavier*stils* in der Richtung des expressiv-Melodischen. Damit hing die Einführung einer liedhaften Thematik zusammen, die sich oft unverkennbarer Elemente aus dem Bereich von Volkslied und Volkstanz bediente; das Tokkatenhafte, das noch für

97

Scarlattis Klavierstil charakteristisch war, verschwand allmählich – nur in den Schlußsätzen von zyklischen Werken hat es
sich noch längere Zeit behaupten können –, und damit das Mo-
tivische, das durch ›Fortspinnung‹ zu melodischen Komplexen
von unbestimmten Dimensionen erweitert werden konnte. Anstatt dessen entstanden thematische Einheiten, bestehend aus
mit Halb- oder Ganzschluß endenden Perioden von vier oder
acht Takten, deren Kadenzierung fest verankert lag in den drei
Hauptstufen der Tonleiter: Tonika (*T*) auf der I., Dominante (*D*)
auf der V. und Subdominante (*S*) auf der IV. Stufe; auch die To-
nika-Parallele (*Tp*) auf der VI. Stufe konnte eingeschaltet werden, ebenso wie die II. Stufe als stellvertretende Subdominante
(*Sp*). Zugleich traten dynamische Gegensätze innerhalb des neu
gewonnenen Themas an die Stelle der gleichmäßig-rhythmi-
schen Bewegung des ›Fortspinnungsstils‹ und der über längere
Strecken verteilten Kontraste in der Klangstärke; oft folgten
einigen forte gespielten Takten mit einem Unisono oder mit
Akkordwiederholungen eine leise Episode. (Namentlich die
Mannheimer Komponisten haben solche auch von den späteren
Wiener Klassikern benutzten Kontrastthemen mit Vorliebe
verwendet.) In den schnellen Sonatensätzen behielt die Thematik ihr primär rhythmisches Gepräge, wobei Dreiklangsbre-
chungen, Passagen mit gleichmäßigen Sechzehnteln, Sequen-
zen und dergleichen den Vorzug hatten. Alle diese Merkmale
sind in der italienischen Sonatenliteratur aus den Jahren 1740
bis 1760 vielfach belegt.
  Die Harmonik wurde besonders in der Entwicklung zwischen
etwa 1740 und 1760 weitgehend chromatischer Finessen entle-
digt und zur strikten Diatonik reduziert. Eine Sequenz, wie sie
in Beispiel 12 abgedruckt ist – sie ist (mirabile dictu!) einer Sonate des von den ›Kennern‹ herzlich verachteten ›Dilettanten‹
Domenico Alberti entnommen –, die ein ostinates Motiv über
die Ganztonreihe *F – G – A – ces – des – es* empor modulieren
läßt, würde nach 1740 nicht mehr in das ›moderne‹ Konzept ge-
paßt haben.
  Mit dieser Entwicklung hielten die konstruktiven Versuche
der italienischen Sonaten-Komponisten gleichen Schritt. Um
1740 war eine Vorliebe für zweisätzige Sonaten festzustellen –
z.B. bei Alberti, Paganelli, Paradies und Rutini –, aber für die
Folge und den Charakter der beiden Sätze gab es keine festen Re-
geln. So zeigen die schon öfter erwähnten *VIII Sonate, Opera
prima* von Alberti nachstehende Satzfolgen:

I	Andante – Andante
II	Allegro Moderato – Allegro Assai
III	Allegro ma non tanto – Menuet
IV	Allegro – Giga Presto
V	Andante Moderato – Allegro
VI	Allegro Moderato – Allegro
VII	Allegro – Tempo di Menuet [mit 4 Variationen]
VIII	Allegro – Presto Assai

Dagegen sind die *Sonate per Cembalo, Opera prima* von Galuppi, die 1760 bei J. Walsh in London erschienen, nachdem einige davon schon in den beiden Sammlungen *Vari Autori* von Venier in Paris gedruckt worden waren, ein-, zwei-, drei- oder viersätzig:

I	Adagio – Andantino – Allegro
II	Allegro
III	Largo – Allegro
IV	Adagio – Allegro – Spiritoso e staccato – Giga Allegro
V	Andantino – Allegro assai

Diese Unregelmäßigkeit in der äußeren Formgestaltung, die für die italienische Klaviersonate auch noch nach 1750 bezeichnend war, kontrastiert auffallend zu der Regelmäßigkeit, mit der die norddeutsche Klaviersonate seit 1742 (als die ›Preußischen Sonaten‹ von C. Ph. E. Bach erschienen) nach dem Schema schnell-langsam-schnell aufgebaut wurde. Aber obwohl die italienischen Komponisten ihren Berliner Kollegen – Schaffrath, Schale, C. Ph. E. Bach, Georg Benda – gegenüber einen etwas unsicheren Eindruck machten, ist ihr Experimentieren mit der inneren Struktur der Sonate weitaus fruchtbarer gewesen.

Zwar hatten auch die Berliner aus der herkömmlichen Zweiteiligkeit, die jedem Satz der Suite zugrunde lag, eine Dreiteiligkeit entwickelt, aus der die sogenannte ›Sonatenform‹ im ersten (und eventuell letzten) Satz der neuen Sonate entstehen konnte. Ausgehend von dem traditionellen Modulationsschema T–D:||:D–T (oder in moll: T–Tp:||:Tp–D–T), dessen zweiter Teil (nach dem Wiederholungsstrich) ›Reprise‹ genannt wurde, fing man an, die in der Suite gebräuchliche Ähnlichkeit der beiden Teile (A:||:A') in das Formschema A:||:B A' umzuwandeln, wobei die Episode B – später ›Durchführung‹ genannt – eine freie, modulierende Bearbeitung von der ›Exposition‹ A darstellte und selbst neues thematisches Material enthalten konnte; erst danach tritt die ›Reprise‹ ein, die eine (eventuell unvollständige) Wiederholung von A bietet, allerdings mit Änderungen dadurch bedingt, daß jetzt nicht mehr moduliert wurde und der zweite Teil, wie bei der Suite, in der Tonika endete. Die Wiederholung der *beiden* Teile war noch für die Wiener Klassiker obligat, aber im Verlauf des 19. Jahrhunderts wurde auf die Wiederholung des zweiten Teils (Durchführung und Reprise) verzichtet – auf die des ersten Teils oft auch –, und damit wurde zweifellos dem vom Komponisten beabsichtigten Gleichgewicht in den Proportionen Gewalt angetan.

Über Inhalt und Umfang der Durchführung und über die Vollständigkeit oder Unvollständigkeit der Reprise gab es in der Berliner Schule Meinungsverschiedenheiten, nicht aber über den Grundsatz, daß die Exposition monothematisch sein müsse, um Gefühlskontraste zu vermeiden, wie es von den Theoretikern Marpurg und Krause empfohlen wurde. In dieser Hinsicht aber hat die Folgezeit den Berlinern Unrecht gegeben: das italienische Streben nach einer dualistischen Thematik in der Sonatenform ist für die Zukunft von fundamentaler Bedeutung geworden. Von Italien aus – und namentlich unter dem Einfluß der Neapolitanischen Opern-*Sinfonia* und den daraus entstandenen Orchesterformen – begann sowohl in Mannheim als in Wien und Paris die dualistische, polare Thematik die zyklischen musikalischen Formen völlig zu beherrschen.

Was die Klaviermusik anbelangt, hat schon Domenico Scarlatti in seinen seit 1738 in Druck erschienenen einsätzigen *Essercizi per Gravicembalo* mit zwei Themen gearbeitet, aber im allgemeinen ist dabei von einer kontrastierenden Thematik noch nicht die Rede. Zwar ist die modulatorische Dreiteiligkeit die Regel, aber in den meisten Fällen hält Scarlatti sich an den in der Suite üblichen Brauch, den zweiten Teil als eine etwas variierte Wiederholung des ersten, nur in umgekehrter Modulationsrichtung, zu gestalten. Auch Galuppi hat sich noch lange dieser der Suite entlehnten Anlage bedient, aber bei ihm trifft man nicht selten Sonatensätze an, in denen am Anfang des zweiten Teils nach dem Hauptthema in der Dominante (oder in der Parallele) eine modulierende Zwischengruppe mit neuen Motiven folgt, bis die Reprise in der Tonica einsetzt an der Stelle, wo im ersten Teil die Dominante (oder die Parallele) erreicht worden war. Bei Alberti ist die Sonatenform ebenfalls oft noch primitiv gestaltet; daß im 1. Satz der Sonate Op. I Nr. 1 einer wirklich modulierenden Durchführung (sei es auch eine von nur sechs Takten) die Reprise des Hauptthemas in der Tonica folgt, ist in dieser Sammlung eine Ausnahme. Auch von einem einigermaßen selbständigen Seitenthema ist kaum eine Spur anzutreffen; selbst eine durchaus monothematische Exposition kommt vor (im 1. Satz von Op. I Nr. 6), und wo eine als Seitenthema zu betrachtende Episode auftritt (wie z. B. im 1. Satz von Op. I Nr. 7), hat sie nur die Bedeutung eines Epilogs, der auf den weiteren Verlauf keinen Einfluß hat.

Im allgemeinen hat sich die Entwicklung der Sonatenform in der italienischen Kammer- und Orchestermusik (Pergolesi, Sammartini) schneller vollzogen als in der Klaviermusik; die erstgenannten Gattungen hatten auch Verbindungen mit Wien und Mannheim, und alle Richtungen kamen schließlich im kosmopolitischen Paris zusammen. Stamitz und Wagenseil haben in der französischen Hauptstadt die Mannheimer bzw. Wiener Schule vertreten und beide haben auf die französischen Symphoniker (Gossec *cum suis*) einen tief einschneidenden Einfluß ausgeübt, insbesondere die Werke von Stamitz; verschiedene ›Mannheimer Manieren‹ sind um 1760 auch in die französische Klavier- und Kammermusik eingedrungen, obwohl die thematische Substanz und die Struktur eher italienisch gefärbt waren, noch abgesehen von den typisch französischen Traditionen in der Clavecin- und Violinmusik. Immerhin blieb es nach 1770 der Mannheimer *Symphonie concertante* von Carl Stamitz und Giovanni Cambini vorbehalten, sich namentlich in der französischen Klaviersonate mit Streicherbegleitung kräftig zur Geltung zu bringen.

Die Berliner Richtung, und vor allem die Klaviersonate C. Ph. E. Bachs, hatte in Paris weit weniger Einfluß; daß in der zweiten Sammlung der *Vari Autori* von Venier (1760) auch je ein Sonatensatz von Bach bzw. Schaffrath aufgenommen worden ist, blieb ein Einzelfall, der nicht irgendwelche stilistischen Folgen gezeitigt hat, auch nicht bei den deutschen Emigranten in Paris. Eher könnte bei ihnen von einer Verwandtschaft mit süddeutschen Traditionen die Rede sein, die durch einen Sonatensatz von Agrell im obenerwähnten Sammelband von Venier eine zwar nicht feste, aber immerhin direkte Verbindung mit dem Pariser Musikleben erhalten hat. Überdies kam in der süddeutschen Kammermusik die Klaviersonate mit Violinbegleitung nach 1760 regelmäßig vor, im Gegensatz zu Berlin, wo diese Gattung grundsätzlich abgelehnt wurde. Denn die norddeutschen Komponisten konnten mit ihrer Vorliebe für das Clavichord über ein Ausdrucksvermögen verfügen, das es möglich machte, auf die Expressivität begleitender Streichinstrumente zu verzichten. C. Ph. E. Bach z.B. hat, wie er noch am 10. Februar 1775 seinem Freunde dem Musikhistoriker Johann Nikolaus Forkel schrieb, „von Claviersonaten mit einem begleitenden Instrument nach dem jetzigen Schlendrian" nichts wissen wollen,[170] bis er am 20. September 1775 Forkel gestehen mußte: „Ich habe doch endlich müssen jung thun und Sonaten fürs Clavier machen, die man allein, ohne etwas zu vermissen, und mit einer Violin und einem Violoncello begleitet bloß spielen kann und leicht sind."[171]

Für diesen „Schlendrian" trägt Johann Schobert seit seinem ersten Auftreten in Paris um 1760 die historische Verantwortung. Er ist es gewesen, der als erster seine gedruckten Klaviersonaten mit einer begleitenden Violinstimme *ad libitum* versah und dafür den Ausdruck „qui peuvent se jouer avec l'accompagnement du Violon" gebrauchte. Leopold Mozart ließ es sich nicht nehmen, den „niedertrechtigen Schoberth" in dieser Hinsicht nachzuahmen und die ersten 1764 in Paris erschienenen Sonatensammlungen seines Sohnes (KV 6 – 7 und 8 – 9) mit dem gleichen Untertitel zu versehen. Auch eine andere Spezialität Schoberts übernahm Leopold: anstatt wie üblich sechs Sonaten in einer Edition zu vereinigen, beschränkten beide sich auf zwei, und diesen Brauch hat als Dritter im Bunde auch Eckard für sein Opus II angewendet. Alle anderen Pariser Zeitgenossen haben sich noch bis zum Ende des Jahrhunderts für Sammlungen mit entweder sechs oder drei Sonaten entschieden, wie es auch außerhalb Frankreichs meistens der Fall war.

Die ad-libitum-Vorschrift für die begleitende Violinstimme wurde von verschiedenen Nachfolgern Schoberts übernommen, u.a. von Leontzi Honauer (Op. III), Armand-Louis Couperin (Op. II), Nicolas Séjan (Op. I), Joh. Friedr. Edelmann (Op. VII und Op. VIII) und Nicolas-Joseph Hüllmandel (Op. I, Op. III und Op. VI Nr. 1 – 2). Wenn bei diesen Sonaten ein Auslassen der Violinpartie auch in vielen Fällen eine Verarmung, manchmal sogar eine Verstümmelung des Notenbildes bedeutete, so wurden doch der Violine in der Regel nur unbedeutende Ergänzungsstimmen, liegende Töne oder Akkorde, Tonwiederholungen, Parallelen in der Unterterz, -sext oder -oktave, Akkordbrechungen (eventuell mit selbständiger, vom Klavier unabhängiger Rhythmik) u. dgl. zugewiesen, ohne daß sie einen Anteil an der melodischen Substanz hatte; sie diente nur zur Verstärkung der Ausdrucksintensität, die vom Clavecin allein nicht zu erreichen war. Die technische Einfachheit der so behandelten Violinstimme bereitete auch dem am wenigsten geübten Dilettanten keine Schwierigkeiten. Man darf nicht übersehen, daß solche Editionen *à double usage* kommerzielle Vorteile boten, die weder die Verleger noch die Komponisten sich entgehen lassen wollten. Sicherlich sind es nur diese Überlegungen gewesen, die Leopold Mozart veranlaßt haben, den ursprünglich als Klaviersonaten konzipierten Werken seines Sohnes nachträglich für den Druck eine begleitende Violinstimme *ad libitum* hinzufügen zu lassen, und das gilt für die sechs Londoner Sonaten Opus III (KV 10 – 15) – wo auch die Querflöte und in einer Neuausgabe darüber hinaus noch das Cello als Begleitungsmöglichkeit angeboten wurde! – ebenso wie für die zweimal zwei Pariser Sonaten KV 6 – 9.

Auch da, wo die Violinstimme nicht ausdrücklich *ad libitum* bezeichnet wurde – wie bei vielen gedruckten Sonaten-Sammlungen von Mondonville, Guillemain, Simon, d'Herbain, Legrand, Schobert (Op. VIII und Op. XVII), Raupach, Beauvarlet-Charpentier, Roeser, Edelmann (Op. II), Guénin, De Saint-George, Chartrain, Bertheaume und verschiedene andere, alle zwischen 1774 und 1787 erschienen –, blieb die Klavierpartie vorherrschend. Nur wo ausdrücklich „avec l'accompagnement d'un Violon obligé" vorgeschrieben ist (z.B. in den *Trois Sonates pour le Clavecin dans le Goût de la Simphonie concertante, Oeuvre VIII* von Jean-Jacques Beauvarlet-Charpentier, etwa 1782 erschienen, oder in Hüllmandels um die gleiche Zeit gedruckten Opus VI Nr. 3), befindet sich die Behandlung der beiden Partien in einem gewissen Gleichgewicht, womit das letzte Hindernis auf dem Wege zur ›modernen‹ Klavier-Violin-Sonate entfernt werden konnte.

Das musikalische Œuvre von Johann Gottfried Eckard besteht aus zwei Sammlungen von je sechs bzw. zwei Klaviersonaten und einer Reihe Variationen über ein Menuet von Exaudet, alles in den Jahren 1763 – 1764 erschienen. Danach hat man von Eckard als Komponist nie mehr etwas gehört.

Tant de bruit pour une omelette! wird der ungeneigte Leser sagen, der dem vorangegangenen Text bis hierher seine Aufmerksamkeit gewidmet hat. Vielleicht wird er milderer Meinung sein, wenn er von der nachfolgenden Auseinandersetzung Kenntnis genommen und vor allem sich die Notenbeispiele gründlich angeschaut hat.

Was den Komponisten Eckard in erster Linie von seinen Pariser Zeitgenossen unterscheidet – abgesehen von seiner Vorliebe für das um 1760 in Frankreich noch unbekannte Pianoforte – ist der Umstand, daß er den von Emanuel Bach gerügten „Schlendrian" mit einer begleitenden Violine nicht mitgemacht hat. Offenbar hatte er das Gefühl, daß die Ausdrucksmöglichkeiten des Pianoforte den expressiven Streicherklang überflüssig machten.

Sodann fällt die Abwechslung in der äußeren Formgebung der Sonaten auf:

Opus I

I	*Cantabile – Amoroso – Allegro assai*
II	*Allegro con Spirito – Andante – Presto*
III	*Allegro Maestoso e Staccato – Affettuoso – Vivace*
IV	*Andantino*
V	*Allegro*
VI	*Con Discretione – Minuetto con* [6] *Variazioni*

Opus II

I	*Allegro – Andante – Minuetto [– Minore – Minuetto]*
II	*Andante – Allegretto*

Da uns keine Autographe zur Verfügung stehen, können wir nicht mit Sicherheit feststellen, ob die Sonaten in der Reihenfolge komponiert worden sind, in der sie gedruckt vor uns liegen. (In der ehemaligen Preußischen Staatsbibliothek hat Hans

Th. David eine Sammelhandschrift aufgefunden, die Eckards Sonaten Op. I in der Reihenfolge 2, 4, 5, 6, 3, 1 enthält.[172]) Aus stilistischen Gründen bin ich geneigt anzunehmen, daß die ersten drei Sonaten früher komponiert worden sind als alle übrigen, aber – und dies im Gegensatz zu meinen früheren diesbezüglichen Äußerungen – immerhin erst nach Eckards Ankunft in Paris, denn sonst wäre der ausgiebige Gebrauch von Alberti-Bässen gleich am Anfang von Op. I Nr. 1 nicht zu erklären. Das episodische Auftreten dieser Figur im ersten Satz der 6. Probesonate Emanuel Bachs, Takt 17–24 bzw. 45–52 (und zwar in tokkatenhafter Gestalt, ähnlich wie in J. S. Bachs Orgelpräludium in a-moll BWV 543), könnte Eckard kaum dazu angeregt haben, und auch sonst ist die Figur in der zeitgenössischen nord- und mitteldeutschen Klaviermusik nur ausnahmsweise angewendet worden.

Auch die Tempobezeichnungen Eckards können keinen entscheidenden Aufschluß hinsichtlich der Entstehungszeit seiner Sonaten geben. Das Wort *Cantabile*, das speziell auf das Pianoforte oder das Clavichord hinzuweisen scheint, kommt in den Probesonaten Bachs nicht vor, dagegen häufig in der französischen Sonatenliteratur für Violine und Basso continuo – z. B. bei Charles-Antoine Branche (Op. I, 1748), André-Noël Pagin (Op. I, 1748), Charles-Joseph-Balthazar Sohier (Op. I, 1750), Pierre Vachon (Op. I, 1760) und Pierre Gaviniès (Op. III, 1764), dem Eckard sein Op. I gewidmet hat –; aber auch Domenico Scarlatti hat für seine doch ausgesprochen cembalistischen *Essercizi* öfters den Ausdruck *Cantabile* vorgeschrieben (wie in K. 308, 490, 534, 536, 544, 546), auch in Verbindung mit *Adagio, Andante, Andantino* oder *Moderato*. – Das Wort *Amoroso* bringt uns ebenfalls nicht weiter; C. Ph. E. Bach benutzt es nur einmal, und zwar im 3. Satz seiner 5. Probesonate (*Allegretto arioso ed amoroso*), aber in den französischen Violinsonaten ist es seit *Les sons harmoniques* (1738) von Jean-Joseph Cassanéa de Mondonville wiederholt anzutreffen, z. B. bei Jean-Baptiste Cupis (Op. I, 1738 und Op. II, nach 1742) und Antoine Dauvergne (Op. II, 1739). – Den Ausdruck *Affettuoso* könnte Eckard dem 2. Satz (*Adagio affettuoso e sostenuto*) der 6. Probesonate von C. Ph. E. Bach entlehnt haben, das *staccato* dem 2. Satz (*Largo e Staccato*) der 1756 gedruckten 1. Sonate von Joh. Gottfr. Müthel, oder vielleicht dem 3. Satz (*Spiritoso e Staccato*) der 4. Sonate von Galuppi in der 1760 bei Walsh in London erschienenen Ausgabe (falls er diese besessen hat); aber auch in diesem Fall gibt es französische Vorbilder, z.B. *Largo Staccato* bei Jean-Pierre Guignon (Op. I, 1737) und *Giga e Staccato* bei Joseph Canevas (Op. I, 1739). – Dagegen habe ich die Anweisung *Con Discretione* nirgendwo sonst angetroffen.

Alles überschauend scheint es mir doch am wahrscheinlichsten zu sein, daß Eckard seine Vorliebe für ›expressive‹ Tempobezeichnungen hauptsächlich den Probesonaten C. Ph. E. Bachs zu verdanken hat, in denen Ausdrücke wie *Andante ma innocentamente, Tempo di Minuetto con tenerezza, Andante lusingando* dem Zeitalter der Empfindsamkeit auch eine musikalische Dimension verleihen konnten.

In gleicher Weise entspricht die Tempofolge in den dreisätzigen Sonaten – schnell–langsam–schnell – dem ›Berliner Geschmack‹, ebenso wie die tonale Einheit, die Eckard genau beachtet hat. In der 1. Sonate von Op. I stehen die Ecksätze in B-dur, der Mittelsatz in der Unterdominante Es-dur, in der 2. Sonate stehen alle drei Sätze in g-moll, in der 3. die Ecksätze in f-moll und der Mittelsatz in der Dominante c-moll. Auch die dreisätzige Sonate Op. II Nr. 1 besteht aus zwei Ecksätzen in der gleichen Tonart F-dur und einem Andante in der Unterdominante B-dur; die zweisätzigen Sonaten (Op. I Nr. 6 und Op. II Nr. 2) sind ebenfalls tonal einheitlich: Es-dur bzw. E-dur.

Was die metrischen Verhältnisse anbelangt kann festgestellt werden, daß in diesen Sonaten binäre Metren überwiegen. Bei den Anfangssätzen ist fünfmal C vorgezeichnet (Op. I Nr. 1, 2, 3, 5 und 6), einmal $\mathbb{C}$ (Op. II Nr. 1) und zweimal $^2/_4$ (Op. I Nr. 4 und Op. II Nr. 2); der zweite Satz steht dreimal im $^2/_4$ Takt (Op. I Nr. 2 und 3, Op. II Nr. 1), zweimal im $^3/_4$ Takt (Op. I Nr. 1 und 6) und einmal im $^3/_8$ (Op. II Nr. 2), und in den Finalen der vier dreisätzigen Sonaten gibt es einmal $^2/_4$ (Op. I Nr. 1), einmal $^3/_4$ (Op. II Nr. 1) und zweimal $^6/_8$ (Op. I Nr. 2 und 3).

In der inneren Formgebung seiner Kompositionen hat Eckard sich nachdrücklich von C. Ph. E. Bach entfernt, insbesondere was seine Behandlung der Sonatenhauptsatzform anbelangt, die nicht weniger als 12 von insgesamt 18 Sonatensätzen zugrunde liegt. In den langsamen Sätzen von Op. I Nr. 1 und 2 und auch in der einsätzigen Sonate Op. I Nr. 4 (Andantino) ist das aus der Suite herrührende Schema A A' mit der traditionellen Modulationsfolge T–D–T verwendet worden. In einer deutlich dreiteiligen Liedform gebaut sind die Schlußsätze von Op. I Nr. 6 und Op. II Nr. 1 (beide Menuette); eine Rondoform hat nur der Schlußsatz von Op. II Nr. 2.

Die frühe Entwicklung der Sonatenhauptsatzform setzt sich mit drei Problemen auseinander:

a. Wie soll die traditionelle monothematische *Exposition* in eine bithematische umgestaltet werden?

b. Aus welchen Elementen soll die *Durchführung*, mit der die zweite Abteilung des Satzes anfängt, zusammengestellt werden?

c. Soll die nach der Durchführung einzusetzende *Reprise* die Exposition ganz oder nur teilweise wiederholen, abgesehen von den Unterschieden, die verursacht sind durch den Umstand, daß der anfängliche Modulationsverlauf – Tonika-Dominante (oder Parallele) – bei der Wiederholung wegfällt?

Diese drei Probleme hat Eckard verschiedenartig zu lösen versucht, und zwar so, daß bestimmte Sätze seiner Sonaten sich noch im Anfangsstadium der Entwicklung befinden, andere dagegen schon deutlich eine ›klassische‹ Faktur aufweisen.

Wenn wir damit anfangen, die *Expositionen* näher zu untersuchen, dann müssen wir sofort feststellen, daß Eckard wie alle seine Zeitgenossen um 1760 sich vom motivischen ›Fortspinnungsstil‹ der spätbarocken Instrumentalmusik zu befreien suchte und sich bemühte um die Erfindung einer profilierten, periodisch geschlossenen Thematik, – was ihm, es sei im voraus gesagt, nur teilweise gelungen ist. Solange der Fortspinnungstypus vorherrschte, konnte von einem thematischen Kontrast innerhalb der Exposition überhaupt nicht die Rede sein. So tritt im letzten Satz von Op. I Nr. 1 ein Seitenthema nicht einmal in Erscheinung; nach dem Hauptthema bringt eine Überleitung die Modulation nach der Dominante zustande, die von einem kurzen Epilog bekräftigt wird. Das Hauptthema selbst ist aufgeteilt in drei Abschnitte (α–β–α); der erste besteht aus 4 Takten, der durch Wiederholung der letzten zwei auf 6 Takte ausgeweitet ist (Beisp. 13); der zweite Abschnitt wird aus einer Periode von 4 Takten gebildet (Beisp. 14), die notengetreu wiederholt wird, aber im letzten Takt auf einen Halbschluß endet, um die unveränderte Wiederholung des ersten Abschnitts einzuleiten. In der nach der Dominante modulierenden 12 Takte umfassenden Überleitung wird die Sechzehntelbewegung des Hauptthemas fortgesetzt (Beisp. 15), und in einer Coda von 4 Takten, die wiederholt werden, die neue Tonart bekräftigt (Beisp. 16).

Das Festhalten an einem Grundrhythmus, der für den ganzen Satz gilt (wie es in der Suite gebräuchlich war), ist von Eckard am konsequentesten durchgeführt worden in der einsätzigen Sonate Op. I Nr. 4, die vom Anfang bis zum Ende auf einem Albertibaß von Sechzehnteltriolen beruht (Beisp. 17), und im ersten Satz der Sonate Op. I Nr. 6, wo die linke Hand fast ausnahmslos gebrochene Dreiklänge in aufsteigenden Zweiunddreißigsteln zu spielen hat (Beisp. 18); in beiden Fällen gab eine monothematische Exposition die Voraussetzung für eine solche rhythmische Einheitlichkeit.

Auch in den bithematischen Expositionen sind ausgeprägte musikalische Kontraste verhältnismäßig selten anzutreffen. Im ersten Satz von Op. I Nr. 1 ist das Seitenthema (Beisp. 19) völlig abhängig vom Hauptthema (Beisp. 20), und man würde ihm einen selbständigen Charakter absprechen, wenn es nicht von einer modulierenden Überleitung vorbereitet und einem anders gearteten Epilog (Beisp. 21) beschlossen wäre. Im ersten Satz von Op. I Nr. 2 ist der Unterschied etwas deutlicher. Das Hauptthema (Beisp. 22) ist durch Fortspinnung zu 13 Halbtakten* erweitert und bekommt nach einem Halbschluß eine auf 11 Halbtakte reduzierte Wiederholung; eine modulierende Überleitung mit punktiertem, teilweise ›lombardischem‹ Rhythmus führt das Seitenthema in die Parallele ein (Beisp. 23), das, unverkennbar aus dem Hauptthema abgeleitet, ebenfalls eine Fortspinnung erfährt und nach 22 Halbtakten in einen kurzen Epilog mit eigener Rhythmik mündet. Auch im Finale dieser Sonate hat dem Hauptthema (Beisp. 24) gegenüber das Seitenthema (Beisp. 25) kaum Gewicht, und das ist wo möglich in noch stärkerem Maße der Fall beim ersten Satz der f-moll-Sonate Op. I Nr. 3, der in beiden Abteilungen völlig beherrscht wird von der punktierten Rhythmik des ausnahmsweise energischen Hauptthemas (Beisp. 26); da kann man nur aus dem Auftreten der Paralleltonart As-dur (in Quartsextlage) ableiten, daß es sich um eine neue Situation handelt, denn thematisch ist diese Episode fast identisch mit dem Anfang der Überleitung; und als sie in Takt 44 auf einem Ganztaktakkord Es-dur zum völligen Stillstand kommt, drängt sich wahrhaftig das Hauptthema wieder nach vorne, um ebenfalls in As-dur sein Glück zu

---

* Eine Notation in $^4/_8$ Takt wäre hier logischer gewesen, wie auch im 1. Satz von Op. I Nr. 6 (vgl. Beisp. 18).

versuchen, bis ein Epilog von 2 + 2 Takten in Sechzehntelbewegung die 60 Takte lange Exposition beschließt.

In den späteren Sonaten – und man sollte wie gesagt annehmen, daß die ersten drei Sonaten von Op. I die ältesten sind – hat sich allmählich eine polare Thematik herauskristallisiert. In der einsätzigen Sonate Op. I Nr. 5 sehen die beiden thematischen Einfälle wegen der einförmigen Baßfiguren noch ziemlich ähnlich aus (Beisp. 27 und 28), aber beim ersten Satz von Op. II Nr. 1 zeigt nach dem wenig prägnanten Hauptthema (Beisp. 29) das Seitenthema eine ausgewachsene Klassizität (Beisp. 30).

Im ersten Satz von Op. II Nr. 2 ist schließlich das klassische Expositionsschema ziemlich regelmäßig angewendet worden. Das Hauptthema besteht aus zwei Episoden; die erste umfaßt das eigentliche Thema mit einem Vordersatz von 4 Takten (Beisp. 31) und einem Nachsatz von 6 Takten (Beisp. 32); die zweite, mit Terzengängen über einem Murkybaß (Beisp. 33), ist ebenfalls 6 Takte lang und endet auf einem Halbschluß, der das Wiederauftreten des Hauptthemas ermöglicht, woraus sich nach 4 Takten eine Überleitung zur Dominante entwickelt, die nach wiederum 4 Takten das auffallend profilierte Seitenthema (Beisp. 34) einleitet. Auch hier wird der Vordersatz nach 4 Takten abgelöst von einem Nachsatz von 6 Takten (Beisp. 35); ein Epilog von 6 Takten, der mit seinen Terzengängen über einem Murkybaß von der zweiten Episode des Hauptthemas abgeleitet zu sein scheint (Beisp. 36), bekräftigt am Schluß das vom Seitenthema erreichte H-dur.

Obwohl es nicht ratsam wäre, bei einem so wenig umfangreichen Œuvre wie dasjenige Eckards Folgerungen hinsichtlich einer mehr oder weniger konsequenten Formgestaltung aufzubauen, kann doch immerhin festgestellt werden, daß Eckard die Expositionen seiner Sonatensätze von Anfang an in vier verschiedene Abschnitte gegliedert hat, die sich anfänglich kaum von einander unterschieden, aber später sowohl rhythmisch als melodisch-harmonisch eigene Züge bekommen haben; der Gegensatz zwischen dem ersten und dritten Abschnitt hat schließlich zu einer gewissen polaren Thematik geführt, die aber wegen des meistens nicht energischen Charakters des Hauptthemas keinen starken Gefühlskontrast zum lyrischen Seitenthema zustande bringen konnte.

In der Behandlung der *Durchführung* dagegen hat Eckard eigene Wege eingeschlagen, die für die Zukunft viele Möglichkeiten zur Erreichung neuer Ziele eröffneten. Einer dieser Wege ist das Einfügen von thematisch freien modulierenden Episoden mit einem quasi-improvisatorischen Charakter, – vielleicht eine typische Folge der speziellen Veranlagung eines Komponisten, dessen Improvisationskunst als Klaviervirtuose von allen Zeitgenossen rühmend hervorgehoben worden ist. Schon im ersten Satz von Op. I Nr. 1 ist eine solche Episode mit gebrochenen Dreiklängen und verminderten Septimeakkorden anzutreffen (vgl. Beisp. 5), ebenfalls im ersten Satz von Op. I Nr. 2 (Beisp. 37) und im ersten Satz der Sonate Op. I Nr. 6 (Beisp. 38) sowie im ersten Satz von Op. II Nr. 1 (Beisp. 39). Dagegen ist in der Durchführung im letzten Satz der g-moll-Sonate Op. I Nr. 2 das Modulieren nach entfernten Tonarten ausschließlich dem Hauptthema vorbehalten (Beisp. 40).

Eine andere Methode ist, in die Durchführung ein neues Thema aufzunehmen, z.B. im dritten Satz der Sonate Op. I Nr. 1 (Beisp. 41), wo es sich deutlich unterscheidet von der in Beispiel 13–16 zitierten Thematik aus der Exposition. Im ersten Satz von Op. II Nr. 1 wird nach der in Beispiel 39 wiedergegebenen ›improvisatorischen‹ Episode, welche auf der Parallele d-moll der Tonika F-dur endet, die Modulation nach der Dominante zur Vorbereitung der Reprise von einem neuen Thema (Beisp. 42) bewerkstelligt, das ebenfalls merklich abweicht vom thematischen Material der Exposition (vgl. Beisp. 29 und 30). Noch stärker wirkt der selbständige Charakter des neuen Themas in der Durchführung des ersten Satzes von Op. II Nr. 2 (Beisp. 43), wenn man es mit dem in Beispiel 31 und 34 abgedruckten Haupt- und Seitenthema vergleicht; hier bringt es die Paralleltonart cis-moll in die Durchführung und moduliert sodann nach der Dominante der Tonika E-dur.

Im ersten Satz von Op. I Nr. 3 fängt die Durchführung sogar mit einem neuen Thema an (Beisp. 44), das aber schon nach vier Takten in eine Paraphrase des Hauptthemas (vgl. Beisp. 26) übergeht. Diese Durchführung ist übrigens ein überzeugender Beweis von Eckards Streben nach ›thematischer Arbeit‹: sie wird völlig beherrscht von einer modulierenden und imitatorischen Variation des schon in der Exposition ausgiebig verwerteten Materials des Hauptthemas, wobei der punktierte Rhythmus das allumfassende Element ist; damit wird schließlich ein Höhepunkt erreicht, wo über einem langsam chromatisch aufsteigenden Baß zwei Oberstimmen heftig aufeinander prallen (Beisp. 45). Eine solche emotionelle Spannung, die die Grenzen des Clavecin weit übersteigt, hat sich in der europäischen Instrumentalmusik um 1760 nirgendwo dermaßen ungehemmt manifestiert.

Auch die Durchführung im dritten Satz dieser Sonate beruht auf diesem Prinzip, nur mit dem Unterschied, daß nicht nur das Hauptthema (Beisp. 46) als Material gebraucht wird, sondern auch das Grundmotiv der Überleitung (ein Seitenthema fehlt); diese zeigt in ihrer polyphonierenden Gestalt eine deutliche Verwandtschaft mit dem Klavierstil Domenico Scarlattis, insbesondere was die Synkopierung in der Oberstimme und die großen Zickzacksprünge im Baß anbelangt (Beisp. 47)*. Es ist vor allem die absteigende kleine Secunde im letzten Takt von Beispiel 46, die Eckard für seine Durchführung inspiriert hat; sie führt den Satz schließlich zu einem Klimax mit ungewöhnlichem ostinato-Charakter (Beisp. 48). Ein Fragment wie das hier zitierte kann Eckards Ruf als originellen Komponisten zweifellos rechtfertigen; man könnte sich sogar vorstellen, nicht eine Klaviersonate, sondern die Orchesterbegleitung einer dramatischen Arie vor sich zu haben, wie sie z.B. in der etwa gleichzeitig komponierten und 1762 in Mannheim uraufgeführten Oper *Sofonisba* von Tommaso Traetta zu finden ist (I. Akt Nr. 10), wo bei den Worten „crudeli il sangue" ein ähnliches Ostinato mit einer von einem *sforzato* akzentuierten absteigenden kleinen Secunde den gleichen Affekt hervorruft (Beisp. 49).

Auch durch harmonische und modulatorische Überraschungen zeichnet sich Eckard in diesem Satz aus. Es gibt da eine Stelle (Beisp. 50), wo er von As-dur nach G-dur moduliert, genau so, wie es Domenico Alberti in seiner sechsten Sonate gemacht hat (vgl. Beisp. 12), also auf einer im Baß aufsteigenden Ganztonreihe (As–B–c–d–e–fis). Umgekehrt schreckt er nicht zurück vor einer Halbtonrückung wie im Beispiel 51, wo sich nach einem f-moll-Akkord unmittelbar der neapolitanische Sextakkord anschließt.

Aber nicht nur der romantisch-emotionelle Gefühlsinhalt und die dadurch bedingten melodisch-harmonischen und rhythmisch-dynamischen Ausdrucksmittel, – auch die nicht geringen klaviertechnischen Forderungen, die schon Leopold

---

* Frappierend ist hier auch die Ähnlichkeit mit dem Finalethema aus der Sonate Op. I Nr. 2 (vgl. Beisp. 24).

Mozart hervorgehoben hat, verleihen gerade dieser Sonate eine Ausnahmestellung in der zeitgenössischen Klavierliteratur.

Die verschiedenen Methoden in der Durchführungstechnik haben auch ihren Einfluß auf die Behandlung der *Reprise* ausgeübt. Im allgemeinen kann gesagt werden, daß überall in diesen Sonaten die Reprise beträchtlich kürzer ist als die Exposition. Diese Verkürzung hat fast immer das Hauptthema und die Überleitung betroffen, die ja meistens die Durchführung völlig beschlagnahmt hatten; das Seitenthema ist in solchen Fällen, und der Epilog immer, in der Reprise identisch mit den korrespondierenden Stellen in der Exposition, abgesehen von der veränderten Tonart. Das Hauptthema fehlt völlig im dritten Satz von Op. I Nr. 2, in Op. I Nr. 5 und im ersten Satz von Op. II Nr. 2, wo die Reprise stets mit dem Seitenthema in der Tonika eintritt. Im zweiten (langsamen) Satz von Op. I Nr. 2 dagegen erscheint das Seitenthema, das die Durchführung eröffnet hatte, nicht mehr in der Reprise. Eine Umänderung in der Reihenfolge hat im ersten Satz der Sonate Op. I Nr. 3 stattgefunden, wo die Reprise mit dem Seitenthema in der Tonika anfängt, danach das Hauptthema wieder aufnimmt, das aber sogleich aufs neue durchgeführt wird, bis es sich auflöst in der Episode, die in der Exposition das Seitenthema mit dem Epilog verbunden hatte; mit diesem unveränderten Epilog schließlich endet der Satz.

Erwähnung verdient in dieser Hinsicht noch der erste Satz der F-dur-Sonate Op. II Nr. 1, wo die Reprise mit dem nach f-moll transponierten Hauptthema beginnt, was in diesem Fall bestimmt eine tief einschneidende Veränderung genannt werden kann. Auch sonst hat Eckard sich nicht gescheut, Seitenthemen und Epiloge, die bei moll-Sätzen in der Exposition in der Parallele, also in Dur auftreten, in der Reprise in der moll-Tonika zurückkehren zu lassen; er kümmerte sich anscheinend nicht darum, ob dadurch der musikalische Charakter solcher Episoden umgewandelt werden könnte, – ein Zeichen dafür, wie wenig damals noch das Bewußtsein der thematischen Selbständigkeit, die der Sonatenhauptsatzform ihren eigentlichen Sinn geben sollte, lebendig war.

Auch das Schwanken zwischen Sonatenform und *Liedform*, das man bei Eckard wiederholt bemerken kann, ist charakteristisch für die Übergangszeit, in der er gelebt hat. So folgt im langsamen

Satz der großen f-moll-Sonate Op. I Nr. 3 dem zweigliedrigen Hauptthema in c-moll – bestehend aus einer Episode α von $4+2$ Takten (Beisp. 52) und einer polyphonierenden, von Vorhaltsynkopen durchzogenen Fortsetzung β von $3+3$ Takten (Beisp. 53) – ohne Überleitung ein Seitenthema von 7 Takten in der Paralleltonart Es-dur (Beisp. 54), welche danach in einem Epilog von 9 Takten bekräftigt wird (Beisp. 55). Die zweite Abteilung beginnt mit einer in drei Perioden (γ–γ–δ) von jeweils 6 Takten gegliederten Episode ohne thematischen Zusammenhang mit dem Vorhergehenden, aber dennoch mit einem quasi-improvisierenden Durchführungscharakter, von der Parallele über die Unterdominante zur Dominante modulierend; die ›Reprise‹ setzt ein mit dem polyphonierenden zweiten Abschnitt (β) des Hauptthemas in der Tonika, diesmal auf 7 Takte verlängert (vgl. Beisp. 5); der Epilog rundet genau wie in der ›Exposition‹ – jedoch jetzt in c-moll – den Satz ab. Das Ganze kann im nachfolgenden Schema visualisiert werden:

$$A \ (\alpha + \beta) - B - \text{Epilog} : \| : C \ (\gamma + \gamma + \delta) - A \ (\beta) - \text{Epilog}$$

Eine gemischte Form zeigt auch der langsame zweite Satz in B-dur von Op. II Nr. 1. Das sechstaktige Hauptthema (Beisp. 56) wird teilweise wiederholt und in die Dominante weitergeführt, wo das ebenfalls sechstaktige Seitenthema sich anschließt (Beisp. 57); es führt zur Wechseldominante C-dur und muß daher mittels eines Anhangs von zwei Takten zur Dominante zurückmodulieren (Beisp. 58), damit ein Epilog von 6 Takten (Beisp. 59) die erste Abteilung in F-dur abschließen kann. Die zweite Abteilung beginnt, ebenso wie im langsamen Satz von Op. I Nr. 3, mit einer selbständigen Episode, die mit dem Hauptthema nur den Albertibaß gemeinsam hat, aber dennoch den Effekt einer Durchführung macht; schon nach 10 Takten erscheint das Seitenthema (unverkürzt und mit seinem Anhang) wieder, jetzt in der Tonika, und daran schließt sich ohne Unterbrechung das auf 4 Takte reduzierte Hauptthema an, das sogleich in den am Schluß leicht veränderten Epilog übergeht. Hier sieht das Schema wie folgt aus:

$$A - B - \text{Epilog} : \| : C - B - A - \text{Epilog}$$

In einer regelmäßigen Liedform aufgebaut ist dagegen die einsätzige A-dur-Sonate Op. I Nr. 4, von Wolfgang Mozart als Vorlage für den langsamen Satz seines ›Pasticcio‹-Konzerts KV 40 ausgewählt. Wie schon erwähnt, wird dieser Satz vom ersten bis zum letzten Takt beherrscht von einem Triolenbaß in Sechzehnteln (vgl. Beisp. 17), der kaum Abwechslung zuläßt. Dem durch Wiederholung von T. 2 – 3 auf 6 Takte ausgedehnten Hauptthema schließt sich eine Überleitung an, die nach 8 Takten eine Kadenzierung zur Dominante erwarten läßt, aber überraschenderweise durch einen Trugschluß plötzlich C-dur heraufbeschwört (Beisp. 60); erst 4 Takte später ist die Dominante erreicht und es erscheint eine Figur, die man anfänglich eher für einen Epilog als für ein richtiges Seitenthema halten könnte (Beisp. 61), die aber in der Wiederholung durch dynamische Steigerung (p–f–ff) und zunehmende Kompaktheit des Notenbildes (vgl. Beisp. 8) ein einigermaßen eigenes Profil bekommt. Die zweite Abteilung bringt erst das Hauptthema in der Dominante, unmittelbar danach wiederum in der Tonika; die Überleitung weicht beträchtlich von der entsprechenden Episode in der ersten Abteilung ab, behält aber den Trugschluß bei (diesmal, statt in A-dur, in F-dur übergehend), der Seitensatz (Epilog) dagegen, jetzt in der Tonika, ist unverändert geblieben.

Eine dreiteilige Liedform ist anzutreffen im letzten Satz *Minuetto con Variazioni* von Op. I Nr. 6:

$$A (4 + 8) : || : B (8) - A (4 + 8)$$

Völlig regelmäßig ist der Komponist auch hier nicht verfahren: bei der Rückkehr von Abschnitt A (Beisp. 62) in der zweiten Abteilung erscheinen die letzten 8 Takte in einer freien Umkehrung. (Vgl. Beisp. 3.)

Auch bei dem *Minuetto* von Op. II Nr. 1 (ebenfalls ein Schlußsatz) gibt es Abweichungen vom normalen Schema. Zwar sind auch hier die thematischen Abschnitte regelmäßig in Viertaktern periodisiert und ist gemeinsam mit dem *Minore* eine zusammengesetzte dreiteilige Liedform entstanden, aber im *Minuetto* wird das Anfangsthema bei der Rückkehr variiert und mit 2 Takten verlängert (Beisp. 63); im *Minore* (Beisp. 64) dagegen ist der aus drei Perioden von 4 Takten bestehende erste Abschnitt in der Reprise um die erste Periode gekürzt und die zweite Periode von As-dur nach f-moll transponiert.

Am Schluß der zweiten Sonate von Op. II befindet sich das einzige *Rondo*, das Eckard publiziert hat. Das stets unverändert in der Tonika auftretende Hauptthema besteht aus einem Vordersatz von 12 Takten (Beisp. 65) und einem Nachsatz von 14 Takten, von denen die ersten vier mit dem Anfang identisch sind. Es folgt ein erstes Zwischenspiel von 42 Takten mit vielfach neuem Material, modulierend über die Dominante zur Wechseldominante Fis-dur und sich auflösend in stürmischen Oktavgängen bis zum Wiedererscheinen des Rondothemas. Das zweite Zwischenspiel ist eine Paraphrase des ersten; es steht in e-moll, berührt die Parallele G-dur und kehrt nach 46 Takten zur Dominante H-dur zurück, um das Rondothema wieder einzuleiten. Eine Coda von 8 Takten, entwickelt aus einem aus dem ersten Zwischenspiel entnommenen Triolenmotiv, beschließt den Satz, der als Musterbeispiel eines ›klassischen‹ Rondos gelten kann:

A (26) :||: B (42) – A (26) || C (46) – A (26) :|| Coda (8)

Wenden wir uns zuletzt den beiden *Variationswerken* Eckards zu. Der erste Zyklus bildet den Abschluß der letzten Sonate von Opus I und besteht aus sechs Variationen auf das oben erwähnte *Minuetto*; der zweite Zyklus ist als *Menuet d'Exaudet avec des variations pour le Clavecin* vom Komponisten gesondert herausgegeben.

In der Instrumentalmusik aus der zweiten Hälfte des 18. Jahrhunderts gehörte das Menuett zu den populärsten Kompositionsformen, und gleichzeitig galt das Variieren als große Mode. Tausende von Menuetten und Abertausende von Variationen sind damals entstanden, und in dieser Hinsicht hat Eckard nichts Auffälliges getan. Die sechs Variationen aus Op. I Nr. 6 stehen alle in der Tonart Es-dur des Menuetthemas (vgl. Beisp. 62), sie beachten genau die periodische Einteilung ihres Vorbildes (12 + 8 + 12 Takte). Dennoch beschränkt sich der Komponist keineswegs auf nur figurative Veränderungen des Themas nach barockem Brauch; jede Variation hat ein eigenes Gesicht bekommen und unterscheidet sich rhythmisch und spieltechnisch deutlich von ihren Nachbarinnen, wie aus den in Beispiel 66 zitierten Anfängen zu sehen ist. Neben zweistimmigen Passagen, oft mit Terzen- und Sextengängen, verwendet Eckard vollgriffige Akkorde (Beisp. 67), und auch seine Vorliebe für das Kreuzen der Hände verleugnet er hier nicht. Diese Musik erforderte Interpreten, die, wie Leopold Mozart schon hervorgehoben hat, über eine für die damaligen Verhältnisse brillante Spieltechnik verfügten; sie war nur ausnahmsweise auf den Dilettantismus zugeschnitten, der nach der Mitte des 18. Jahrhunderts in zunehmendem Maße die Komponisten zu leichter Ausführbarkeit ihrer Werke nötigte.

Dagegen waren die Variationen über das *Menuet d'Exaudet* unverkennbar für ein weniger anspruchsvolles Publikum bestimmt. Schon die Wahl des Themas deutet darauf hin, denn es handelt sich hier um eine Melodie, die sogleich nach ihrem Erscheinen bis weit ins 19. Jahrhundert hinein unvorstellbar populär geworden ist, nicht nur in Frankreich, sondern auch in England. Sie ist als Vorlage für zahlreiche Variationswerke wie auch als Unterlage (›Timbre‹) für die verschiedenartigsten Liedtexte benutzt worden, und ihren Anfang konnte man damals auf allen Straßen und Wegen geträllert oder gepfiffen hören:

Im Gegensatz zu Eckard hat André-Joseph Exaudet es noch erlebt, daß sein Name in aller Munde war, und das nur wegen einer einzigen Komposition, des *Menuetto gratioso* aus der ersten seiner 1751 in Stimmen gedruckten *Six Sonates à deux Violons et Basse Continüe, Oeuvre IIe* (Abb. 17). Als er 1762 in Paris starb – er muß etwa 1710 in Rouen geboren worden sein –, hatte er eine ehrenvolle Laufbahn als Violinist hinter sich: von 1749 bis zu seinem Tode als Mitglied des Orchesters der *Opéra*, ab 1751 beim Concert spirituel, ab 1758 als ›Ordinaire de la Musique de la Chambre du Roi‹, ab 1759 als Anwärter der ›Vingtquatre Violons du Roi‹ und gleichzeitig als ›Maître de Violon‹ im Dienste des Prinzen von Condé.

Schon ein Jahr nach seinem Erscheinen wurde das *Menuet d'Exaudet* auf der Bühne gesungen, und zwar in der Opéra-comique *Le Suffisant* (1753) von Jean-Joseph Vadé mit den Worten „*Vous boudez / Vous gardez / Le silence*"; ein Jahr später nahm Vadé es in seine Opéra-comique *Le Trompeur trompé ou La Rencontre imprévue* (1754) auf, nun mit dem Text „*En ces lieux / Par les nœuds / Du caprice / Une belle nous retient*". Der *Mercure de France* hat die Melodie wiederholt abgedruckt mit immer neuen Couplets, z.B. „*Au vieux temps, / Où contens / Vos bons pères*" (1754), „*C'est Paris / Qui des ris / Est l'azyle*" (1756), und 1758 wurde bei der Eröffnung der Opéra-comique

Abb. 17

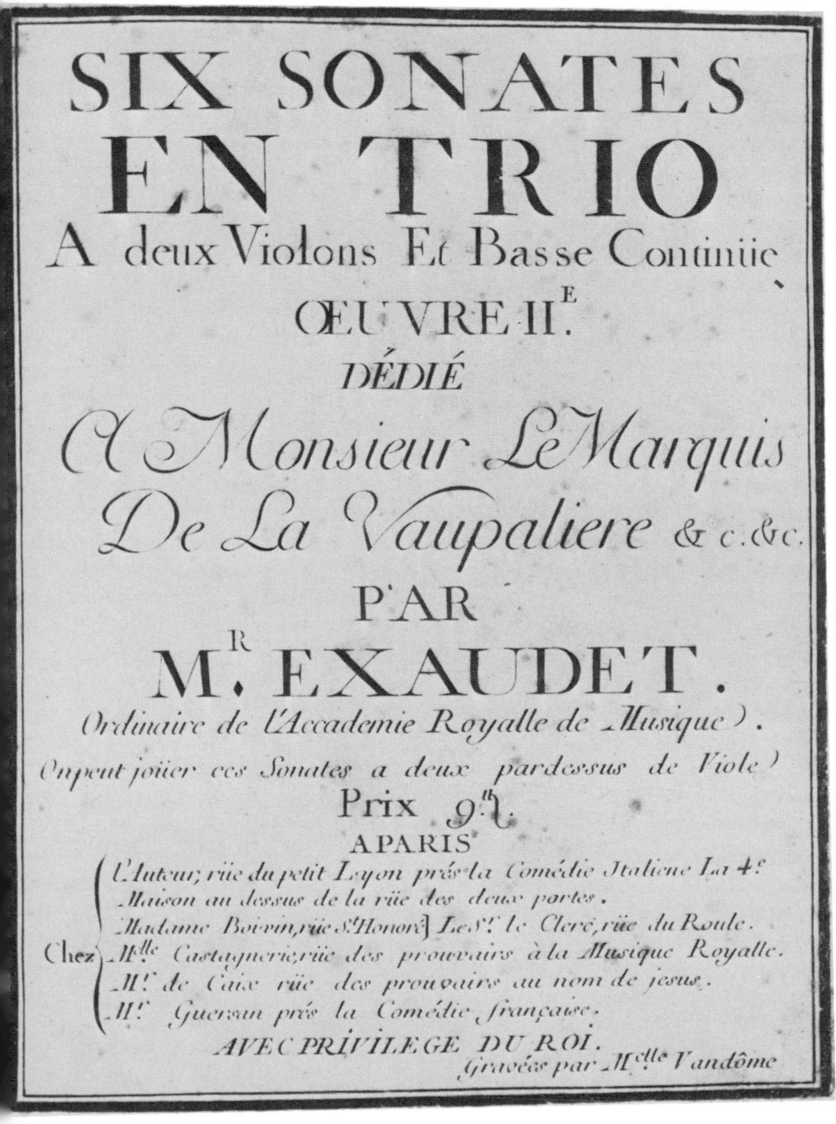

SIX SONATES
EN TRIO

A deux Violons Et Basse Continüe

ŒUVRE IIᴱ.

DÉDIÉ

A Monsieur Le Marquis De La Vaupaliere &c.&c.

PAR

Mʳ. EXAUDET.

Ordinaire de l'Accademie Royalle de Musique.

On peut joüer ces Sonates a deux pardessus de Viole

Prix 9ᵗ

APARIS

Chez {
L'Auteur, rüe du petit Lyon près la Comédie Italienne La 4ᵉ Maison au dessus de la rüe des deux portes.
Madame Boivin, rüe Sᵗ Honoré Leˢʳ le Clerc, rüe du Roule.
Mᵉˡˡᵉ Castagnerie, rüe des prouvairs à la Musique Royalle.
Mʳ. de Caix rüe des prouvairs au nom de jesus.
Mʳ. Guersan près la Comédie françoise.
}

AVEC PRIVILEGE DU ROI.

Gravées par Mᵉˡˡᵉ Vandôme

mit der Melodie des *Menuet d'Exaudet* ein Couplet von Charles-Simon Favart gesungen: *„Observez, / Et Suivez / Ce modèle".*[173]

Wenn diese letzten Worte als eine Anregung aufgefaßt werden sollten, so haben sie jedenfalls auf verschiedene Komponisten um 1760 fruchtbar eingewirkt. Am Himmelfahrtstag des Jahres 1760 trat im Concert spirituel der Harfenist Christian Hochbrucker auf, einer von den Musikern in Paris, die den Kindern Leopold Mozarts ihre „gestochenen Sonaten" verehrt haben, wie der stolze Vater am 1. Februar nach Salzburg berichtete;[174] er spielte u.a. eine Paraphrase über das *Menuet d'Exaudet* „aux vifs applaudissements de l'assemblée", und der *Mercure de France* schrieb, Hochbrucker habe aus dem Menuett „une pièce de sa composition" gemacht.[175] Im Oktober 1763 annoncierte der *Mercure* das Erscheinen einer von Pierre-Montan (Le) Breton verfaßten Bearbeitung des *Menuet d'Exaudet* „à grand orchestre, tel qu'on le joue à la Comédie italienne" (während der Entr'actes), und 1764 gab l'Abbé le Fils das Menuett „mis en grande symphonie avec des variations" heraus – eine Edition, die offenbar genug Abnehmer fand, um die Londoner Verleger Longman, Luckey & Co. einen Nachdruck riskieren zu lassen.

Schon 1761 hatte übrigens l'Abbé le Fils in seinem oben erwähnten Lehrbuch *Principes du Violon* eine „Suite de jolis Airs de différents Auteurs, variés pour un Violon seul" aufgenommen, welche (ohne Namensnennung) mit dem *Menuet d'Exaudet* beginnt. Diese Bearbeitung des volkstümlichen Menuetts ist es (und nicht so sehr die drei Variationen, die l'Abbé ihm folgen läßt), mit der wir uns etwas eingehender befassen müssen, weil Eckard für seinen eigenen Variationszyklus gerade von ihr ausgegangen zu sein scheint.

Es ist interessant zu sehen, wie l'Abbé sich in der Gestaltung des Themas zu dem Original verhält. Ausgehend von der ersten Violinstimme der Trio-Sonate (Abb. 18), die er anfänglich notengetreu übernimmt, eliminiert er in den Takten 13–14 die schöne moll-Färbung der Vorlage. Sodann streicht er den bei Exaudet überzähligen Takt 23 (wodurch wieder eine Periode von 4 Takten entsteht) ebenso wie den ganzen dritten Teil („deuxième Reprise") des Menuetts. Schließlich schreibt er das vorgeschriebene *Da Capo* des ersten Teils aus, um diese Episode schon in veränderter Form zu wiederholen, noch bevor er bei seiner ersten Variation angelangt ist. (Abb. 19.)

Abb. 18

Abb. 19

Daß Eckard diese Bearbeitung gekannt haben muß, kann aus dem Umstand abgeleitet werden, daß auch er die moll-Wendung in den Takten 13 – 14 ebenso wegläßt wie Takt 23 und den dritten Teil des Menuetts; auch er schreibt das *Da Capo* aus, wiederholt aber die erste Episode ohne jede Veränderung. Übrigens hat Eckard das Thema im Vergleich mit der vollgriffigen Trio-Fassung des Originals (Beisp. 68) stark vereinfacht, so daß ein leicht spielbarer zwei- bis dreistimmiger Satz übrig geblieben ist (Beisp. 69).

Auf dieser Grundlage hat Eckard seine sechs Variationen in ähnlicher Weise entwickelt wie bei dem von ihm selbst komponierten und musikalisch eigentlich erfindungsreicheren *Minuetto* aus Op. I Nr. 6 (Beisp. 70). Auch hier ist die periodische Einteilung mit ihren harmonischen Stützpunkten genau beibehalten; jede Variation hat ihr eigenes rhythmisches Gepräge (Achteltriolen, durchgehende Sechzehntelskalen), das hauptsächlich die Abwechslung innerhalb des Ganzen hervorruft. Klaviertechnisch ist wiederum das von Eckard bevorzugte Kreuzen und Ablösen der Hände anzutreffen; in der letzten Variation treten auch die vieltönigen Akkorde in tiefer Lage wieder auf, die uns schon im vorhergehenden Zyklus (Variation 4) frappiert haben.

Aus heutiger Sicht allerdings sind die Exaudet-Variationen wesentlich konventioneller geraten als ihre Vorgänger, obwohl sie Mozart offenbar so interessiert haben, daß er noch 1774 in einem Brief aus München an seine Schwester bat, die *„variationes* über den Menuet d'exaudè von Ecart" mitzubringen.[176] – Insbesondere in England wurden gerade die Exaudet-Variationen Eckards außerordentlich geschätzt; noch 1834 zitierte William Bingley in seiner *Musical Biography*, was in der von Abraham Rees in 45 Bänden herausgegebenen *Cyclopaedia or Universal Dictionary of Arts, Sciences, and Literature* (London 1802 – 1819) über Eckard geschrieben worden ist, nämlich „that in his compositions there is an elegance of style, built upon such sound principles of harmony and modulation as few have surpassed; and that in particular, his variations to the Minuet d'Exaudit [sic], or, as we call it, Marshal Saxe's Minuet, are in the highest degree ingenious, elegant, and fanciful."[177]

Die Mitteilung, daß das *Menuet d'Exaudet* in England als „Marshal Saxe's Minuet" bekannt war – so schon auf dem Titelblatt der beiden Londoner Editionen aufgedruckt –, stellt uns vor ein noch nicht gelöstes Rätsel. Wie könnte der Name des

Grafen Moritz von Sachsen, natürlicher Sohn von August dem Starken und Aurora von Königsmark, Marschall von Frankreich, Liebhaber von Adrienne Lecouvreur und Madame Favart, in Verbindung gebracht werden mit einem Menuett, das erst nach seinem Tode (1750) komponiert worden ist? Und dies gerade in England, wo man sich mit gemischten Gefühlen an den Sieger von Fontenoy erinnern mußte, der 1745 dem englisch-holländischen Heer unter dem Herzog von Cumberland eine vernichtende Niederlage beigebracht hat? Oder hat es in England damals ein Lied auf den ›Maréchal de Saxe‹ gegeben, zu dem das *Menuet d'Exaudet* als ›timbre‹ benutzt worden ist?

★

Nach dem Erscheinen seiner *Deux Sonates* Op. II im Herbst 1764 hat sich Johann Gottfried Eckard als Komponist endgültig aus der Öffentlichkeit zurückgezogen. Auch die Nachdrucke seiner Werke während der siebziger Jahre in Riga und London haben offenbar kein Stimulanz für ihn bedeutet – falls er überhaupt davon hat Kenntnis nehmen können. Über die Gründe dieser Handlungsweise können wir nur Vermutungen anstellen. Hat er das Gefühl gehabt, daß seine Abhängigkeit von C. Ph. E. Bach, der Mannheimer Schule, von Alberti, Gaviniès, seine Eigenart auf die Dauer ersticken müßte? Hat er die Grenzen seines Talents erkannt und ist er zur Überzeugung gelangt, in seinen drei Opera alles ausgedrückt zu haben, wozu seine schöpferische Fantasie imstande war? Jedenfalls könnte man annehmen, daß ein Komponist, der in den Jahren 1763–64 soviel zur allgemeinen Stilerneuerung beigetragen hat, auch für die weitere Entwicklung der europäischen Musik noch viel von sich hätte erwarten lassen können. Wie dem auch sei, – andere haben von seiner Pionierarbeit dankbar Gebrauch gemacht, namentlich sein Rivale Johann Schobert und sein jugendlicher Bewunderer Wolfgang Mozart. Insbesondere in den *Six Sonates pour le Clavecin* Op. XIV mit Violinbegleitung *ad libitum* von Schobert sind mehrfach Einflüsse von Eckard verarbeitet. Allein schon die Ähnlichkeit zwischen dem *Andante* aus Op. XIV Nr. 3 von Schobert (Beisp. 71) und dem *Amoroso* aus Op. I Nr. 1 von Eckard (Beisp. 72) macht einen solchen Einfluß unverkennbar, ebenso wie die punktierte Rhythmik und die auf Beethoven hinweisende Agressivität im ersten Satz von Eckards Op. I Nr. 3 (vgl. Beisp. 45) im ersten Satz der gleichen Sonate Schoberts deutliche Spuren hinterlassen hat (Beisp. 73). Auch Scho-

121

berts Vorliebe für freie, quasi-improvisatorische Durchführungen scheint von Eckard inspiriert zu sein, obwohl nicht übersehen werden darf, daß Schobert dabei einen größeren Ideenreichtum und mehr modulatorische Gewandtheit an den Tag legte; das schließt aber nicht aus, daß Trugschlüsse, wie Eckard sie in seinen Sonaten Op. I Nr. 4 und Op. II Nr. 2 (erster Satz) angewendet hat (vgl. Beisp. 34 u. 60), damals bestimmt Aufsehen erregt haben, ebenso wie die Folge von frei eintretenden verminderten Septime-Akkorden im zweiten Satz von Op. I Nr. 2 (Beisp. 74). Als ›modern‹ sind zweifellos auch die vielen Stellen mit vorbereitetem oder frei eingeführtem Vorhalt mit Leitton-Charakter und die daraus resultierenden Synkopierungen (Beisp. 75) und harmonischen Differenzierungen, die stürmischen Passagen in Oktaven, die dramatischen Ostinati betrachtet worden. Andrerseits wird man den humoristischen Schluß von Op. I Nr. 2, der den Eindruck erweckt, als käme nach dem Abschluß unerwartet noch ein verspätetes Solo-Fagott angerannt (Beisp. 76), als höchst originell empfunden haben.

Dennoch kann das Œuvre Eckards – ganz abgesehen von seinem geringen Umfang – einem Vergleich mit demjenigen Schoberts sicherlich nicht standhalten, schon wegen der ziemlich unpersönlichen und oft wenig prägnanten melodischen Erfindungskraft des erstgenannten. (Man denke an die unbedeutenden Hauptthemen der ersten Sätze von Op. I Nr. 1 und Op. II Nr. 1.) Hans Th. David hatte denn auch gewiß recht, als er Eckard im Verhältnis zu Schobert „einen (freilich genialen) Ausübenden" nannte.[178] Dagegen gehen De Wyzewa und De Saint-Foix viel zu weit, wo sie Schobert zuliebe die Bedeutung Eckards völlig bagatellisieren.[179] Sie scheinen sich seine Sonaten übrigens nur oberflächlich angesehen zu haben; sonst würden sie sicher nicht behauptet haben, daß die ersten drei Sonaten Eckards „une imitation directe des premières Sonates de Philippe-Emmanuel Bach" seien, und wahrscheinlich entdeckt haben, daß seine Expositionen ein deutliches Bemühen um eine polare Thematik aufweisen und keineswegs nur „un seul sujet principal dans chaque morceau" besitzen. Auch der Vorwurf, daß aus den genannten drei Sonaten „un manque, tout allemand, de retenue et de concentration" hervorgehe, was „une longueur assez fastidieuse" zur Folge habe,[180] läßt sich als völlig subjektiv bestreiten; den weiteren Sonaten Eckards gegenüber ist er sowieso unhaltbar. Immerhin haben die französischen Autoren zugeben müssen, daß die frühesten Sonaten des jungen

Mozart (KV 6–7) deutlich von Eckard beeinflußt worden sind. Mozart hat nicht nur den Epilog im ersten Satz seiner Sonate KV 6 (Beisp. 77) dem Abschluß im dritten Satz von Eckards Op. I Nr. 1 nachgebildet (Beisp. 78), sondern in der Durchführung des ersten Satzes von KV 7 gezeigt, daß die ›romantische‹ Ausdruckskraft des Augsburgers bei ihm eine ähnliche Intensität hervorgerufen hat (Beisp. 79). Umgekehrt würde es Eckard zweifellos gefreut haben, wenn er gewußt hätte, daß seine einsätzige Sonate Op. I Nr. 4 in einer Transformierung als Andante des 1767 von Mozart arrangierten Klavierkonzerts KV 40 weiterleben würde.

EIN HANDSCHRIFTLICHES NOTENBUCH
VON J. G. ECKARD?

In der Musikabteilung der Pariser Bibliothèque Nationale befindet sich unter der Bezeichnung D-14.218 ein handschriftliches Notenbuch, das einst dem Autographensammler Charles Malherbe (1853 – 1911) gehört hat und von ihm der Bibliothèque du Conservatoire legatiert worden ist. Es zählt 22 doppelseitig beschriebene Blätter oblong, Format 22×28 cm; auf dem Umschlag steht geschrieben (wohl in der Hand Malherbes, dessen Name auf jede recto-Seite gestempelt ist): *Morceaux pour clavecin, XVIIIᵉ Siècle,* oben links auf der ersten Seite des Manuskripts in der Handschrift des Verfassers: *Recueil des pièces detahées* [sic].

Inhalt:

Fol. 1ʳ – 1ᵛ: *Le Coucou.*
Fol. 1ᵛ – 2ʳ: *Les Vendengeuses* [sic].
Fol. 2ʳ: *Aria vivache* [sic] *del Sᵒʳ Mourky.*
Fol. 2ᵛ: *Minuetto.*
Fol. 2ᵛ: [einstimmiger Satz ohne Titel oder Tempo–
                       bezeichnung].
Fol. 3ʳ – 4ʳ: *La Bohémienne : air italien Varié par Legrand.*
Fol. 4ᵛ – 5ʳ: *Menuet de Locatelli* [mit 6 Variationen].
Fol. 5ᵛ: *l'aimable par Begué.*
Fol. 6ʳ – 6ᵛ: *La Touriere* [mit 4 Variationen].
Fol. 7ʳ – 8ʳ: *Andante Par Mᵣ Le Grand* [mit 6 Variationen].
Fol. 8ᵛ: *Marche des Volontaires* [mit 2 Variationen].
Fol. 9ʳ – 10ᵛ: *Menuet D'handel* [mit 3 Variationen].
Fol. 11ʳ: *pastoralle : avant, vous amants que g'interesse*
                       [sic].
Fol. 11ᵛ: *amoroso.*
Fol. 11ᵛ – 12ʳ: *andante.*
Fol. 12ᵛ – 13ʳ: *aria.*
Fol. 13ʳ: *la Chasse de Zaide.*
Fol. 13ᵛ – 14ʳ: *allegro.*
Fol. 14ᵛ: *Minuetto.*
Fol. 15ʳ: *Menuets Majeur Et Mineur par* ..... [sic].
Fol. 15ᵛ – 17ʳ: *Eckard. Allegro.*

Fol. 17ᵛ: *aria del Signor Kirchoff.*
Fol. 18ʳ: *praeludium.*
Fol. 18ᵛ – 19ʳ: *Sonata per cembalo del Sig. Alberti. (Andante).*
Fol. 19ᵛ: *Sonata del Siᵒ.ʳ Alberti. (Andante).*
Fol. 20ʳ: *alberti. (presto).*
Fol. 20ᵛ – 21ʳ: [Klavierstück ohne Titel oder Tempo-
                      bezeichnung.]
Fol. 21ᵛ – 22ʳ: *Menuet Exaudet* [mit 2 Variationen].
Fol. 22ᵛ: *Rondeau Gratieux.*

Alle 44 Seiten sind von einer und derselben Hand beschrieben
worden. Wessen Hand? Jedenfalls war der Verfasser kein Fran-
zose und kein Italiener. Wenn ich die Vermutung ausspreche,
daß es Johann Gottfried Eckard gewesen sein dürfte, kann ich
dafür zwei Argumente anführen. Das erste und wichtigste ist
die Handschrift selbst, und insbesondere die Weise, in der auf
Fol. 22ᵛ der Name „Eckard" geschrieben ist. Wir kennen vier
Unterschriften von J. G. Eckard: diejenige im Stammbuch von
C. A. Gignoux aus dem Jahr 1754 und die Signierungen am
Schluß der drei Pariser Musikdrucke von 1763 bzw. 1764. (Die
gemalte Signierung des Ölbildes *Esther vor Ahasver* kommt für
diesen Vergleich weniger in Betracht.) Wenn man diesen vier
Unterschriften als fünfte die Namensnennung im Notenbuch
hinzugesellt (Abb. 20), dann ist die Ähnlichkeit unverkennbar.
Das zweite Argument ist der Unterschied in der Namensnennung über den einzelnen Stücken zwischen „Eckard" und allen
anderen Namen. Überall wird der Komponistenname zusammen mit dem Werktitel in einem Satz aneinandergereiht, wobei
entweder die Worte „par" oder „de" benutzt werden, oder von
„Sig[nor]" oder „M[onsieu]r" die Rede ist. Nur der Name „Ekkard" erscheint abgesondert vom Titel, wie eine Unterschrift
frei hingeworfen, mit abschließendem Schweif. Meines Erach-
tens schreibt jemand in einem solchen Zusammenhang auf
diese Weise nur seinen *eigenen* Namen.
    Wenn wir also annehmen wollen, daß dieses Notenbuch von
Eckard selbst stammen könnte, dann würden wir wenigstens
eine seiner Kompositionen im Autograph besitzen, und zwar
die einsätzige Sonate Op. I Nr. 5 (Abb. 21–24). Die flüssige Nie-
derschrift ohne irgendwelche Verbesserungen deutet darauf
hin, daß es sich dabei nicht um eine Erstschrift handeln kann.
Was den Notentext anbelangt, so ist er praktisch identisch mit
der 1763 erschienenen gedruckten Fassung; in der dynamischen

Abb. 20

(1754)

(1763)

(1764)

(1764)

(1762 ?)

Bezeichnung, der Artikulation und der Phrasierung dagegen gibt es so zahlreiche Unterschiede, daß bei einer schon längst fälligen kritischen Ausgabe der Klavierwerke Eckards diese Handschrift als eine primäre Quelle betrachtet werden sollte. Eine Kuriosität für unsere heutige formanalytische Betrachtungsweise ist das Wort „*Reprise*" am Anfang der zweiten Abteilung (wo wir geneigt sind, von *Durchführung* zu sprechen); hier zeigt der Verfasser der Handschrift sich noch befangen in der Tradition der zweiteiligen Suitensätze.

Noch überraschender ist das Erscheinen des *Menuet d'Exaudet* auf Fol. 21^v – 22^r, weil es in dieser Gestalt (mit zwei Variationen) völlig abweicht von der uns aus dem Druck von 1764 bekannten Fassung. Zum Vergleich sei hier der Anfang des Themas und der beiden Variationen wiedergegeben (Beisp. 80). Übrigens ist im ersten Teil die moll-Wendung und im zweiten Teil der ominöse Takt 23 von Exaudet auch hier gestrichen, – was die Annahme von Eckards Autorschaft fast zur Gewißheit steigern könnte.

Es stellt sich jetzt die Frage – und sie könnte auch für die Sonate gelten –, ob wir es in diesem Fall mit einer früheren oder mit einer späteren Fassung zu tun haben. Ich bin geneigt, die Handschrift *vor* Erscheinen der gedruckten Ausgaben zu datieren, weil man annehmen muß, daß diese Drucke vom Komponisten selbst überwacht worden sind und von ihm als endgültig betrachtet wurden. Es wäre gewiß weniger sinnvoll gewesen, sie in dieser Sammelhandschrift aufs neue zu notieren, nachdem die Werke in gedruckter Form schon ihre Verbreitung gefunden hatten, – vorausgesetzt, daß dieses Notenbuch für didaktische Zwecke angelegt wurde (worauf die genaue Fingersatzbezeichnung in einigen Stücken hinweist), und nicht nur als Gedächtnisstütze für den konzertierenden Klavieristen, der sein Repertoire in gedrängter Form zusammengefaßt hat.

Jedenfalls aber ist die Wahl der aufgenommenen Kompositionen aufschlußreich, da sie den musikalischen Geschmack in Paris um 1760 klar wiederspiegelt.

Die Sammlung wird eröffnet von einer der beliebtesten Kompositionen aus der Schule des großen François Couperin, dem schon 1735 gedruckten Charakterstück *Le Coucou* von Claude Daquin. Das anschließende Rondeau *Les Vendangeuses* ist von Couperin selbst komponiert worden; es entstammt dem 1713 erschienenen Livre I seiner *Pièces de Clavecin.*

Auch die Kompositionen von Locatelli und Händel sind älteren Datums; das Menuett von Locatelli ist schon 1732 in Amsterdam als Nr. 10 seiner *XII Sonate à flauto traversière solo e basso,* Op. II erschienen,[181] und das »Menuet D'handel« muß um die Mitte des 18. Jahrhunderts in Abschriften verbreitet gewesen sein, da es erst 1826 mit dem Titel *Pastorale et Thème avec variations pour Harpe ou Pianoforte* von Artaria in Wien herausgegeben worden ist.[182]

Dagegen konnte *La Chasse de Zaide* einer gedruckten Partitur entnommen werden: dem 1739 erschienenen ›heroischen Ballett‹ *Zaide, Reine de Grenade* von Joseph-Nicolas-Panacre

Abb. 21

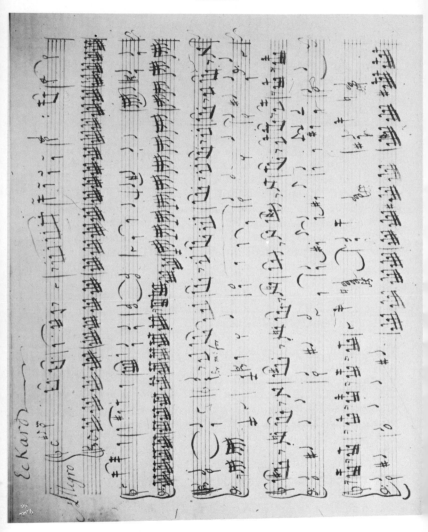

Abb. 22

129

Abb. 23

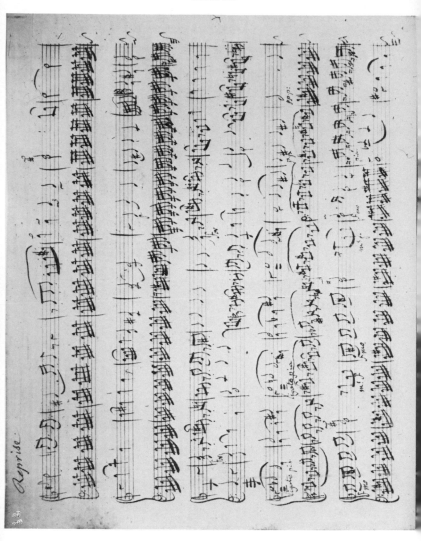

130

Abb. 24

Royer. In einer (freien) Transskription für Klavier ist eine Episode aus dem zweiten Akt, 5. Szene, wiedergegeben.

Zu einer früheren Periode gehört auch das nicht näher bezeichnete Klavierstück auf Fol. $20^v - 21^r$, das sich überraschenderweise als eine Komposition von J o h a n n S e b a s t i a n B a c h herausstellt, nämlich die *Giga* aus der ersten der Sechs Partiten BWV 825–830. Prof. David Fuller (Buffalo/USA), der zusammen mit Prof. Bruce Gustavson eine Bibliographie der französischen Klaviermusik aus dem 18. Jahrhundert vorbereitet *, teilte mir mit, daß Ms. D-14218 die einzige ihm bekannte französische Handschrift sei, welche Musik von J. S. Bach enthält. Die sechs Partiten sind bekanntlich 1731 mit dem Titel *Klavier Uebung* als „Opus I" im Druck erschienen („in Verlegung des Autoris"), nachdem sie zwischen 1726 und 1730 separat herausgegeben worden waren. Es handelte sich hier um sehr beschränkte Auflagen, die damals kaum außerhalb Mittel- und Norddeutschlands verbreitet gewesen sind; es ist nicht anzunehmen, daß um 1760 Exemplare in Paris erhältlich waren, was bedeutet, daß nur ein aus dem deutschen Kulturkreis stammender Musiker diese unbekannte Gigue in ein Pariser Notenbuch aufgenommen haben kann.

Bekannt dagegen waren damals die drei Sonatensätze von Domenico Alberti, alle dem 1758 von Venier herausgegebenen Sammelband mit *XX Sonate per Cembalo di Varri Autorri* entnommen, in dem sie als Nr. 19 bzw. 15 und 16 abgedruckt sind.[183] Der Komponist „Legrand" oder „Le Grand" ist wahrscheinlich identisch mit dem „franz: Clavieristen [der] seinen goût gänzlich verlassen hat", wie Leopold Mozart am 2. Februar 1764 nach Salzburg berichtete,[184] und sich der deutschen Emigrantengruppe in Paris angeschlossen hatte; ob er auch der Autor des Sonatensatzes ist, mit dem das zweite Heft mit *XX Sonate per Cembalo,* 1760 von Venier publiziert, beginnt, ist unsicher aber nicht unmöglich, und ob in beiden Fällen Jean-Pierre Legrand (1734–1809) als Autor in Betracht kommen sollte, ebenso.

Mit „Signor Kirchoff" könnte Gottfried Kirchoff (1685 – 1746) gemeint sein, der seit 1714 als Organist und ›Director Mu-

---

* An dieser Stelle möchte ich meinen amerikanischen Kollegen herzlich danken für ihre Hinweise zur Identifizierung einzelner in der Handschrift enthaltener Kompositionen.

sices‹ in Halle wirkte; im 1922 von Hermann Abert veröffent-
lichten ›Notenbuch‹, das Leopold Mozart seinem Sohn Wolfgang Amadeus zu dessen siebentem Namenstag (1762) ge-
schenkt haben soll – es wurde 1973 von Wolfgang Plath als apo-
kryph entlarvt[185] – ist eine fünfsätzige *Sonatina* von ihm aufgenommen, die aber soviel ›altmodischer‹ klingt als die Aria im
Pariser Notenbuch, daß man bei dieser eher an Gottfrieds Sohn,
den Harfen-Virtuosen Gustav Kirchoff (1722 – 1799), denken
könnte.

Dagegen läßt sich mit den Komponistennamen „Begué" und
„Sor Mourky" nichts anfangen. Daß mit dem ersten Namen Nicolas Lebègue (1630 – 1702) gemeint sein könnte, ist schon
darum wenig glaubhaft, weil das diesbezügliche Charakterstück *(l'Aimable)* stilistisch kaum aus dem 17. Jahrhundert
stammen kann; und daß mit „Mourky" vielleicht irrtümlich
das Wort „Murky" beabsichtigt ist, wird unwahrscheinlich gemacht durch den Umstand, daß gerade in der dazugehörigen
„aria vivache" gar keine Murkybässe vorkommen.

Die Frage, ob die Kompositionen, bei denen kein Autor angegeben ist, und die vielen Variationen auf Couplets aus Vaudevil-
les und komischen Opern dem Verfasser des Notenbuches – auf
Grund unserer Hypothese also Johann Gottfried Eckard – zugeschrieben werden dürfen, läßt sich hier nicht endgültig beantworten; dazu wäre es notwendig, die zahllosen zeitgenössischen Recueils ähnlicher Art zu kollationieren. Jedenfalls kann
nicht geleugnet werden, daß sowohl die Variationen als etliche
anonyme Sätze sich inhaltlich und klaviertechnisch kaum un-
terscheiden von gleichartigen Stellen im authentischen Oeuvre
Eckards, obwohl sie meistens einfacher von Faktur sind und
melodisch einerseits den frühen Sonaten C. Ph. E. Bachs, andererseits den französischen Clavecinisten näher stehen als die
Musik in den gedruckten Werken. Daß die Ausdrücke *amoroso*
und *gratieux* auch hier auftauchen, will natürlich nichts sagen,
„ces épithètes prenant, à cette époque, un caractère presque obligé", wie Lionel de La Laurencie es ausdrückt.[186] Aber die Vorliebe für den synkopierenden Vorhalt, für den ›lombarischen
Rhythmus‹, für das Kreuzen der Hände – es ist gewiß bezeichnend, daß die hier aufgenommene *Giga* von J. S. Bach der einzige
Satz aus den Partiten ist, der fortwährend die Anwendung von
›überschlagenden Händen‹ erfordert –, für Terzengänge und Al-
bertibässe, die im Notenbuch an den Tag tritt, paßt sicherlich
in das musikalische Bild, das im vorangehenden Kapitel von Ek-

Abb. 25

LES CLAVECINISTES
(de 1637 à 1790)

43ᵐᵉ LIVRAISON.

ÉDITION - MEREAUX.

ECKARD (JEAN GODEFROY)
(1763)

1ᵉʳ SONATE
de l'Œuvre I.

kard gezeichnet worden ist. Jedenfalls könnte dieser „Recueil de pièces détachées" (falls unsere Zuschreibung stichhaltig ist) den Eindruck bestätigen, daß die *Variation* eine von Eckard bevorzugte Kompositionsform gewesen sei.

SIX SONATES / POUR LE CLAVECIN / Dédiées / A MON-
SIEUR GAVINIES / Composées par Jean Godefroy Eckard. / I.ER
ŒUVRE. / Prix 9.tt / Gravé par P.re Petit / A PARIS. / Chez l'au-
teur Rue St. Honoré près celle des Frondeurs, maison de Mr. Le
Noir notaire. / Et aux adresses ordinaires de Musique. / AVEC
PRIVILEGE DU ROY. / –
[RISM A/I/2 E 346]

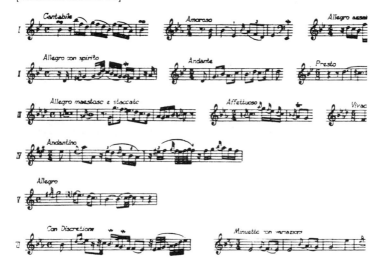

Nachdrucke:

SEI / SONATE / PER IL / CLAVICEMBALO SOLO / COM-
POSTE / DA / GIOVANI GODOFREDO ECKARD. / OPERA
I. / IN RIGA. / PRESSO GIOVANI FEDERICO HART-
KNOCH, / 1773. / –
[RISM A/I/2 E 347]

SIX / SONATAS / for the / Harpsichord / or / FORTE PIANO
/ composed by / J. G. Eckard. / P. 10.s 6.d / LONDON / Prin-

ted and Sold by R. BREMNER / in the STRAND / –
[RISM A/I/2 E 348]

DEUX SONATES / POUR LE CLAVECIN OU LE PIANO
FORTE. / Composées / Par Jean Godefroy Eckard. / II.ᴱᴹᴱ ŒU-
VRE / PRIX 4.tt 4.s / Gravé par P.re Petit / A PARIS / Chez l'Au-
teur rue St. Honoré, la I.ere Porte cochere après celle des Fron-
deurs. / Et aux adresses ordinaires de Musique. / AVEC PRIVI-
LEGE DU ROY. / –
[RISM A/I/2 E 349]

Nachdruck:

    Two / SONATAS, / for the / HARPSICHORD, / or / PIANO
FORTE; / Composed by / J. G. Eckard. / Opera 2d. / LON-
DON. / Printed & Sold by R. Bremner, in the Strand, / of
whom may be had, / all the Works of this eminent Author. / –
[RISM A/I/2 E 350]

MENUET D'EXAUDET / Avec des Variations / Pour le Clave-
cin. / Par J. G. ECKARD. / Prix 3.tt. / A PARIS / Chez l'auteur
Rue St. Honoré, près celle des Frondeurs, maison de M. Le Noir
Notaire. / Et aux adresses ordinaires de Musique. / AVEC PRIVI-
LEGE DU ROY / –
[RISM A/I/2 E 351]

Nachdrucke:

    MINUET D'EXAUDET, / commonly called / Marshal Saxe's
Minuet, / with Variations for the / HARPSICHORD, / or /
Piano Forte; / by / J. G. Eckard. / London. / Printed & Sold by
R. Bremner, in the Strand, / of whom may be had, / all the
Works of this eminent Author. / –
[RISM A/I/2 E 352]

A / New Edition / of MINUET D'EXAUDET, / commonley
called / Marshal Saxes Minuet / with Variations for the /
Piano Forte, / By / I. G. ECKARD. / Price 2/6 / LONDON. /
Printed for R.ᵗ Birchall N.º 133. New Bond Str.ᵗ / of whom may
be had, / all the works of the most eminent Authors, / –
[RISM A/I/2 E 353]

Einzelausgaben:
Op. II Nr. 1 in der *Pianoforte-Schule* von Peter Johann Milchmeyer
(Dresden 1797–98), Jhrg. I, Heft 12, 1. Stück.
Op. I Nr. 1 in *Les Clavecinistes de 1637 à 1790. Œuvres choisies,
classées dans leur ordre chronologique. Revues, doig-
tées & accentuées. [. . .] par Amédée Méreaux* (Paris
1867), 43ᵉ Livraison. (Vgl. Abb. 25.)

Gesamtausgabe:
*Johann Gottfried Eckard (1735 – 1809) – Œuvres Complètes pour
le Clavecin ou le Pianoforte publiées avec une introduction par
Eduard Reeser, annotées par Johan Ligtelijn* (Edition Heuweke-
meyer, Amsterdam 1956).
Es ist zu bedauern, daß diese leider zu sehr auf die heutige Praxis ge-
richtete Ausgabe, die nur bedingt musikwissenschaftlichen Forderungen genügen kann,[187] offenbar das Erscheinen einer wissen-
schaftlichen Edition im *Mitteldeutschen Musikarchiv* (VEB Breit-
kopf & Härtel, Leipzig), von Lothar Hoffmann-Erbrecht schon 1957
in der *Musikforschung* angekündigt,[188] verhindert hat.

★

In der Musikabteilung der Pariser Bibliothèque Nationale befindet sich unter der Nr. Vm¹² 9.153 eine *Sonate Air de chasse pour
le Piano composée par Eckhard, Œuvre II,* im Verlag von Mᵐᵉ
Duhan et Comp.ⁱᵉ, Boulevard Montmartre N.º 1050. In dem vorangehenden Katalog ist auf Seite 3, zweite Spalte, unter „Trios
pour le Piano" ein „Œuvre 3 avec violon et basse" von *Eckhard*
erwähnt, auf S. 4, erste Spalte, unter „Caprices et Airs variés
pour le piano" aber „10 Variations" von *Eckard. –* Der letztgenannte Titel könnte die Frage aufwerfen, ob hier ›unser‹ Eckard
gemeint sei, was aber mit Sicherheit nicht der Fall ist. Alle drei
Kompositionen müssen *Carl Friedrich Eckhard* zugeschrieben
werden; sie sind ursprünglich bei Johann André in Offenbach erschienen, und zwar die Sonate als Nr. 3 der *Trois Sonates pour
le Clavecin ou piano-forté, Œuvre I* [RISM A/I/2 E 355], die
Trios als *Trois Trios pour piano-forté, violon et violoncelle,
Œuvre III* [RISM A/I/2 E 357], und die Variationen als *Dix Varia-*

tions pour le piano-forté, sur l'air: Seid uns zum zweiten mal willkommen [= das Terzetto Nr. 16 aùs der *Zauberflöte*] [RISM A/I/2 E 358]. –

Madame Duhan hat zwischen 1802 und 1806 in Paris als „succursale officieuse" von Johann André fungiert, wie Elisabeth Lebeau auf dem Wiener Mozartkongreß 1956 nachgewiesen hat.[189] Ihre Behauptung, daß es sich bei C. F. Eckhard „sans doute" um einen „parent de J. G. Eckard, claveciniste favori des amateurs du Concert spirituel" handeln soll,[190] ist genealogisch nicht gesichert; Gerber nennt ihn in seinem *Neuen Lexikon der Tonkünstler* (1812) einen „Regierungskanzellist zu Donaueschingen".[191] – Auch sollte noch nachgeforscht werden, ob „Mr. Eckard qui joue du Violoncelle et son père (à la Haye)", die Leopold Mozart 1765 in seinen Reisenotizen erwähnt hat,[192] mit Johann Gottfried verwandt sein könnten. Diese ›Eckards‹ sind von D. F. Scheurleer identifiziert worden als „Wouter Eckhardt, Generaal Majoor der Cavalerie", und dessen Vater, „rentmeester der domeinen van den Prins van Oranje in de baronie van Breda".[193] Außerdem hat Scheurleer unter den Subskribenten auf Chr. Gottl. Tübels *Korte Onderrigting van de Muziek* (1766) den Namen „G. F. Eckhard, gepensioneert Luitenant Collonel" aufgefunden.[194] Vielleicht war dieser Eckhard der Vater von Lucile Eckhardt, der J. B. Schmid, „Maître de Clavecin de Vienne", seine 1768 in Den Haag (wo er damals wohnte) erschienenen *VI Sonates de Clavecin avec accompagnement ad libitum de deux violons et basse continue* [RISM A/I/7 S 1702] gewidmet hat; denn in einer Ankündigung dieser Ausgabe in den *Wöchentlichen Nachrichten und Anmerkungen, die Musik betreffend* wird diese „amatrice de la Musyque et de la Harpe", deren „goût exquis et la voix admirable" in der Widmung gerühmt werden, „eines holländischen Lieutenants Tochter" in Den Haag genannt.[195] Daran kann sich dann wieder die Frage anschließen, ob diese Lucile Eckhardt verwandt sein könnte mit der Sängerin „Mad^e Eckhard", die am 14. Dezember 1783 bei einem Konzert am Hofe des Statthalters Prinz Wilhelm V. von Oranien mitgewirkt hat,[196] zusammen mit dem Bratschisten „M^r [Carl] Stamitz" und dem Hornisten „Mr Eckhard".....

ANMERKUNGEN

1 Vgl. *Mozart – Briefe und Aufzeichnungen.* Gesamtausgabe, herausgegeben von der Internationalen Stiftung Mozarteum in Salzburg. Gesammelt und erläutert von Wilhelm A. Bauer und Otto Erich Deutsch (Kassel etc. 1962–75) [= Bauer-Deutsch], Bd. I, S. 117.

2 Zitiert bei Eva Hertz, *Johann Andreas Stein* (Wolfenbüttel-Berlin 1937), S. 26–27.

3 Vgl. Bauer-Deutsch, Bd. I, S. 126–127.

4 Vgl. Jean-Benjamin de La Borde, *Essai sur la Musique ancienne et moderne* (Paris 1780), Bd. III, S. 535.

5 Vgl. Bauer-Deutsch, Bd. I, S. 141.

6 Vgl. [Friedrich Melchior Grimm c.s.,] *Correspondance littéraire, philosophique et critique.* Hrsg. von M. Tourneux (Paris 1877–82), Bd. VI, S. 447.

7 Vgl. a.a.O., Bd. VII, S. 423.

8 Vgl. De La Borde, a.a.O., Bd. III, S. 507.

9 Vgl. *Tablettes de Renommée des Musiciens, Auteurs, Compositeurs, Virtuoses, Amateurs et Maîtres de musique vocale et instrumentale, les plus connus en chaque genre* (Paris 1785), nicht paginiert.

10 Vgl. Paul von Stetten d. J., *Erläuterungen zur Geschichte der Reichs-Stadt Augsburg* (Augsburg 1765), S. 261.

11 Vgl. Paul von Stetten d. J., *Kunst-Gewerb- und Handwerks-Geschichte der Reichs-Stadt Augsburg* (Augsburg 1779), S. 554–555. – Hieronymus Sperling (1695–1777) war ein Schüler des Kupferstechers J. U. Kraus in Augsburg, ebenso wie Catharina Heckel (1699–1741), mit der er seit 1725 verheiratet war.

12 Vgl. *Musikalischer Almanach für Deutschland auf das Jahr 1784* (Leipzig 1783), III, S. 66.

13 Vgl. Charles Burney, *A General History of Music from the Earliest Ages to the Present Period,* Bd. I (London 1776, ²1789), S. 598.

14 Vgl. *A Dictionary of Musicians, from the earliest ages to the present time* (London 1824, ²1827), Bd. I, S. 228.

15 Vgl. Otto Kade, *Der musikalische Nachlaß weiland Ihrer Königlichen Hoheit der verwitweten Frau Erzgroßherzogin Augusta von Mecklenburg-Schwerin* etc. (Wismar 1899), S. 55.

16 Vgl. Ernst Ludwig Gerber, *Historisch-Biographisches Lexicon der Tonkünstler* etc. (Leipzig 1790–92), Bd. I, S. 371.

17 Vgl. Ernst Ludwig Gerber, *Neues historisch-biographisches Le-*

xikon der Tonkünstler etc. (Leipzig 1812–14), Bd. II, Sp. 16.

18 Vgl. F.-J. Fétis, *Biographie universelle des Musiciens*, etc. (Paris ³1873–80), Bd. III, S. 113.

19 Vgl. Amédée Méreaux, *Les Clavecinistes de 1637 à 1790* (Paris 1867), S. 74ff.

20 Vgl. Charles Burney, Mus. D., *The Present State of Music in France and Italy, or The Journal of the Tour through those Countries, undertaken to collect Materials for A General History of Music* (London 1771, ²1773). Neuausgabe von Percy A. Scholes mit dem Titel: *An Eighteenth-Century Musical Tour in France and Italy* (London 1959), S. 312.

21 Vgl. Percy A. Scholes, *The Great Dr. Burney* (London 1948), Bd. I, S. 201.

22 Vgl. Gerber, *Neues [...] Lexikon* etc., Bd. II, Sp. 16.

23 Vgl. *Mercure de France*, September 1809, S. 173.

24 Vgl. *Verbal des scellés apposés après le décès*. In: *Archives de la Seine*, Scellés 2 U 64 Nº 476, datiert 1. September 1809.

25 Vgl. *Acte de Succession*. In: *Archives de la Seine*, D 2055 Q 7, fol. 90 recto, datiert 11. November 1809.

26 Vgl. Hans Th. David, *Johann Schobert als Sonatenkomponist* (Kassel 1928), S. 3.

27 Vgl. Eduard Reeser, *De klaviersonate met vioolbegeleiding in het Parijsche muziekleven ten tijde van Mozart* (Rotterdam 1939), S. 35.

28 Der Name wird in den Quellen und in der Literatur orthographisch verschieden zitiert: *Eckhart, Eckardt, Eckard, Eckart.* Johann Gottfried signierte die in Paris gedruckten Ausgaben seiner Kompositionen mit dem Namen *Eckard.*

29 Vgl. Alexandre Choron et François Fayolle, *Dictionnaire historique des Musiciens*, etc. (Paris 1810–11), Bd. I, S. 203.

30 Vgl. Eduard Bernsdorf, *Neues Universal-Lexikon der Tonkunst*, Bd. I (Dresden 1856), S. 761–762.

31 Augsburg, Städtische Kunstsammlungen, Inventar Nr. 5078 bzw. G 22560. – Es ist auffallend, daß sowohl auf dem Ölbild als auf dem Stammbuchblatt alle abgebildeten Personen eine überlange, spitze Nase bekommen haben. Von psychologischer Seite wurde mir erklärt, daß diese Besonderheit bedeuten könnte, daß Eckard selbst eine kurze Stumpfnase gehabt habe und dadurch frustriert gewesen sei.

32 Vgl. *Mercure de France*, April 1787, S. 143–144.

33 Vgl. Lionel de La Laurencie, *l'Ecole française de Violon de Lully à Viotti* (Paris 1922–24), Bd. III, S. 425.

34 Vgl. Eduard Reeser, *De muziektitels van Charles Echard*. In: *Halcyon* Nr. 11–12 (Den Haag 1942).

35 Vgl. *Inventaire après le décès du Sr. Eckard*, jetzt im Besitz der Nachfolger von Maître Crémery in Paris.

36 Vgl. *Musikalischer Almanach für Deutschland auf das Jahr*

1783 (Leipzig 1782), III, S. 31.
37 Vgl. Rudolph Angermüller, *W. A. Mozarts musikalische Umwelt in Paris (1778). Eine Dokumentation* (München–Salzburg 1982).
38 Vgl. Bauer-Deutsch, Bd. II, S. 435.
39 Vgl. *Vossische Zeitung, 9.* Oktober 1809. (Nicht 7. September 1809, wie noch 1929 in der 11. Auflage des Riemann-Lexikons irrtümlich angegeben ist.)
40 Vgl. Chr. Fr. Dan. Schubart, *Ideen zu einer Ästhetik der Tonkunst* (Wien 1806), S. 235–237.
41 Vgl. Jean-Louis Lecerf de Viéville, *Comparaison de la musique italienne et de la musique française* (Bruxelles 1704, ²1705–06), II, S. 100.
42 Vgl. l'Abbé de Chateauneuf, *Dialogue sur la musique des Anciens* (Paris 1725), S. 4.
43 Vgl. Bauer-Deutsch, Bd. II, S. 334.
44 Vgl. *Mercure de France,* August 1738, S. 736.
45 Zitiert bei Michel Brenet, *Les Concerts en France sous l'Ancien Régime* (Paris 1900), S. 157.
46 Vgl. Friedrich Marpurg, *Historisch-Kritische Beyträge zur Aufnahme der Musik,* Bd. I (Berlin 1754), S. 448–465.
47 Vgl. Marpurg, a.a.O., S. 464.
48 Vgl. *Journal de Musique par une Société d'Amateurs,* Jg. I (Paris 1773) Nr. 2, S. 74.
49 Vgl. [Louis-Sébastien Mercier,] *Tableau de Paris.* Nouvelle Edition (Amsterdam 1782), Bd. VI, S. 148.
50 Vgl. Mercier, a.a.O.
51 Vgl. Brenet, a.a.O., S. 360.
52 Der aus Guadeloupe gebürtige Mulatte Joseph de Boulogne, genannt ›Le Chevalier de Saint-Georges‹ (1739–1799) war nicht nur ein berühmter Fechter und Schütze, sondern auch ein talentierter Geiger (Schüler von Leclair und Gossec) und vielseitiger Komponist. Vgl. De La Laurencie, a.a.O., Bd. II, S. 449–500.
53 Vgl. *Almanach musical pour l'Année 1775* (Paris 1774), S. 83.
54 Vgl. *Journal de Paris,* 29. Mai 1784.
55 Vgl. *Recueil de quelques écrits relatifs à un ouvrage périodique sur les arts libéraux, qui n'a point été publié* (London 1776), S. 117.
56 Vgl. *Mercure de France,* Juni 1779, S. 170.
57 Vgl. Brenet, a.a.O., S. 336.
58 Vgl. [Mercier] a.a.O., Bd. II, S. 315.
59 Vgl. [Mercier] a.a.O., Bd. V, S. 40.
60 Vgl. Brenet, a.a.O., S. 160ff.
61 Vgl. De Jèze, *Etat ou Tableau de la Ville de Paris.* Nouvelle Edition (Paris 1765), S. 189.
62 Vgl. [Ancelet,] *Observations sur la musique, les musiciens et les instrumens* (Amsterdam 1757), S. 9.

63 Vgl. [De Maisoncelle,] *Réponse aux observations sur la musique, les musiciens et les instrumens* (Avignon 1758), S. 40–41.

64 Vgl. [Ancelet,] a.a.O., S. 35.

65 Vgl. *Correspondance littéraire*, etc., Bd. V, S. 238.

66 Vgl. François-Joseph Gossec, *Note concernant l'introduction des cors dans les orchestres.* Verfaßt 1810, veröffentlicht 1827 in *La Revue Musicale* (hrsg. von F.-J. Fétis), Jg. V, S. 217–223.

67 Vgl. *Mercure de France*, Dezember 1751, S. 178.

68 Vgl. Félix-Alexandre Le Riche de Cheveigné, *Mémoires.* Zitiert bei Georges Cucuel, *La Pouplinière et la musique de chambre au XVIIIe siècle* (Paris 1913), S. 195.

69 Vgl. J. G. Prod'homme, *La musique à Paris de 1753 à 1757, d'après un manuscrit de la Bibliothèque de Munich.* In: *Sammelbände der IMG*, Jg. VI (1904–05), S. 583.

70 Vgl. Cucuel, a.a.O., S. 336ff.

71 Vgl. [De Jèze,] a.a.O., S. 240f.

72 Vgl. *Inventaire-Sommaire des archives communales de la ville d'Agen, Supplément.* Hrsg. von G. Tholin (Agen 1884).

73 Vgl. Madame de Genlis, *Mémoires.* Zitiert bei Brenet, a.a.O., S. 353.

74 Vgl. S. M. Ellis, *The Life of Michael Kelly, Musician, Actor, and Bon Viveur* (London 1930), S. 102.

75 Vgl. Gerber, *Neues [...] Lexikon* etc., Bd. I, Sp. 237–238.

76 Vgl. Bauer-Deutsch, Bd. II, S. 312–313.

77 Vgl. Bauer-Deutsch, Bd. III, S. 342.

78 Vgl. Georges Cucuel, *Le Baron de Bagge et son temps.* In: *l'Année Musicale 1911* (Paris 1912), S. 145–186.

79 Vgl. *Tablettes de Renommée* etc., im Kapitel „Concerts particuliers".

80 Vgl. *Almanach musical [...] 1775*, S. 95–145.

81 „Eine von Van Heck in Paris erfundene und von dem dortigen Harfenmacher Nadermann um 1770 gebaute Guitarre mit zwei Gruppen Saiten zu je sechs, von denen die eine über das 20bündige Griffbrett, die andre nebenher lief." Vgl. Curt Sachs, *Real-Lexikon der Musikinstrumente* (Leipzig 1913), S. 47 Sp. b.

82 Vgl. *Mozart – Die Dokumente seines Lebens*, gesammelt und erläutert von Otto Erich Deutsch (Kassel etc. 1961), S. 159.

83 Vgl. Bauer-Deutsch, Bd. II, S. 399.

84 Vgl. *Mozart – Die Dokumente seines Lebens*, a.a.O.

85 Vgl. Michel Brenet, *La librairie musicale en France de 1653 à 1790, d'après les registres de privilèges.* In: *Sammelbände der IMG*, Jg. VIII (1906–07), S. 401–406.

86 Vgl. Georges Cucuel, *Quelques documents sur la librairie musicale au XVIIIe siècle.* In: *Sammelbände der IMG*, Jg. XIII (1911–12), S. 385–392.

87 Vgl. Cecil Hopkinson, *Parisian Music Publishers 1700–1950* (London 1954); Cari Johansson, *French Music Publisher's Ca-*

talogues of the Second Half of the Eighteenth Century (Stockholm 1955).

88 Vgl. Brenet, a.a.O., S. 436. (Bei allen folgenden Erwähnungen von Privilegien wird stillschweigend auf diese Publikation hingewiesen, falls keine andere Quelle angegeben ist.)

89 Vgl. Cucuel, a.a.O., S. 387.

90 Vgl. *Mercure de France*, März 1757, S. 181.

91 Vgl. Cucuel, a.a.O., S. 389.

92 Vgl. *Mercure de France*, Februar 1758, S. 150.

93 Vgl. *Mercure de France*, März 1760, S. 169.

94 Vgl. Georges de Saint-Foix, *Le symphoniste Beck et le pianoforte.* In: *Revue de Musicologie*, Jg. XIII (1932), S. 25.

95 Vgl. *Mercure de France*, August 1760, S. 109.

96 Vgl. Lionel de La Laurencie, *l'Apparition des œuvres d'Haydn à Paris.* In: *Revue de Musicologie*, Jg. XIII (1932), S. 191–205.

97 Vgl. Barry S. Brook, *La Symphonie française dans la seconde moitié du XVIIIe siècle* (Paris 1962), Bd. I, S. 185–186.

98 Vgl. Helga Scholz-Michelitsch, *Georg Christoph Wagenseil* (Wien 1980), S. 85–87.

99 Vgl. *Mercure de France*, Juni 1763, S. 197.

100 Vgl. *Mercure de France*, Juni 1763, S. 175.

101 Vgl. *l'Avant-Coureur*, Jg. 1764, S. 205.

102 Vgl. *Annonces, affiches, et avis divers*, Jg. 1764, S. 607.

103 Vgl.Bauer-Deutsch, Bd. I, S. 126.

104 Vgl. J. B. Weckerlin, *Nouveau Musiciana* (Paris 1890), S. 224.

105 Vgl. *Wöchentliche Nachrichten und Anmerkungen die Musik betreffend*, Jg. II (Leipzig 1768), S. 221–224, S. 229–231.

106 Gemeint sind die Sonaten KV 26–31, im Februar 1766 (also im Alter von 10 Jahren!) von Wolfgang Mozart in Den Haag komponiert.

107 Vgl. *Wöchentliche Nachrichten* etc., Jg. II (Leipzig 1768), S. 231–232.

108 Vgl. *l'Avant-Coureur*, 22. Juli 1765. Zitiert bei Michel Brenet, *Les débuts de l'abonnement de musique.* In: *Le Mercure Musical*, Jg. II (15. Oktober 1906), S. 262.

109 Vgl. Brenet, *La librairie musicale* etc., S. 454–457.

110 Vgl. Brenet, *Les débuts de l'abonnement de musique*, S. 272–273.

111 Vgl. *Calendrier musical universel pour l'année 1789* (Paris 1788), S. 262–268.

112 Vgl. *Almanach musical [...] 1775*, S. 139–142.

113 a.a.O., S. 57–86.

114 Vgl. *Calendrier musical [...] 1789*, S. 234–259.

115 Wenn es sich bei dieser Anzeige um die von Mozart 1765 in London komponierte vierhändige Klaviersonate KV 19d handeln sollte (wie ich 1939 in *De klaviersonate met vioolbegeleiding* etc. S. 32 behauptet habe), so wäre die Ausgabe dieser So-

nate durch den Verleger De Roullède, von der das einzige erhaltene Exemplar sich in der Bibliothèque Nationale (RISM A-I/6/M 6662) befindet, als Erstdruck zu betrachten, der schon zwischen dem 20. November 1787 und dem 15. Dezember 1788 erschienen sein müßte, und nicht erst zwischen 1789 und 1791, wie Georges de Saint-Foix (der KV 19d entdeckt hat) in seinem Artikel über *Une Sonate inconnue de Mozart* in *La Revue musicale* vom 1. Mai 1921 angegeben hat. Der Umstand aber, daß auf dem Titelblatt dieser Ausgabe eine handgeschriebene Ziffer „14" hinter dem gedruckten Wort „Œuvre" fehlt, hat A. Hyatt King dazu veranlaßt, in seinem Buch *Mozart in Retrospect* (London 1955), S. 109–111 eine andere Lösung vorzuschlagen, daß nämlich die Anzeige sich nicht auf KV 19d sondern auf KV 521 beziehen müsse, da von dieser vierhändigen Sonate (deren Erstdruck im Oktober 1787 bei Hoffmeister in Wien erschienen ist) eine Ausgabe von Schott in Mainz mit der Opusnummer 14 existiert, die als Vorlage für den im *Calendrier musical* angezeigten Pariser Druck hätte dienen können. In diesem Fall müßte dem 1949 von Hyatt King entdeckten Londoner Druck von KV 19d, im Sommer 1789 von H. Andrews herausgebracht, die Priorität zuerkannt werden. Dem wäre entgegenzusetzen, daß der Mainzer Druck von KV 521 erst 1790 erschienen und keine Pariser Ausgabe von dieser Sonate aufgefunden worden ist; überdies stimmt der in der Anzeige erwähnte Preis von „3 *liv.* 12 *s*" genau mit dem auf dem Titelblatt des De Roullède-Drucks von KV 19d überein, wie Wolfgang Rehm im Kritischen Bericht zu seiner Edition der Werke für Klavier zu vier Händen in der NMA (Serie IX, Werkgruppe 24, Abt. 2) festgestellt hat (S. 63), mit der überzeugenden Begründung, daß dieser Preis unmöglich für eine Ausgabe von KV 521, die einen mehr als doppelten Umfang aufweist, hätte gelten können. Immerhin bleibt es rätselhaft, wie De Roullède über eine Abschrift von Mozarts fast 25 Jahre früher entstandene Jugendsonate hat verfügen können; möglicherweise befand sie sich im Nachlaß von Joh. Chr. Bach, dessen beide Klavierduette aus Op. XVIII um 1780 von La Chevardière – vielleicht mit De Roullède als Mitverleger – gedruckt worden sind (vgl. Rehm, a.a.O., S. 64).

116 Vgl. *Calendrier musical* [...] *1789*, S. 237–246.
117 Vgl. C. Ph. E. Bach, *Abschied von meinem Silbermannischen Claviere, in einem Rondo* (Hamburg 1781). – Vgl. Alfred Wotquenne, *Thematisches Verzeichnis der Werke von Carl Philipp Emanuel Bach* (Leipzig 1905), Nr. 66 (S. 24).
118 Vgl. Leopold Mozarts Brief an seinen Sohn in Augsburg vom 9. Oktober 1777 (Bauer-Deutsch, Bd. II, S. 42).
119 Vgl. Johann Friedrich, Reichardt, *Vertraute Briefe aus Paris geschrieben* (Hamburg 1804), Bd. I, S. 327.

120 Vgl. Paul von Stetten d. J., *Kunst-Gewerb- und Handwerks-Ge-schichte der Reichs-Stadt Augsburg*, S. 160–162.

121 Vgl. Eva Hertz, a.a.O., S. 64.

122 Vgl. Bauer-Deutsch, Bd. II, S. 68–69.

123 Vgl. *Le President De Brosses en Italie, Lettres familières*. Her-ausgegeben von Colomb (Paris 1858), S. 382.

124 Vgl. Rosamond E. M. Harding, *The Pianoforte. Its History tra-ced to the Great Exhibition of 1851* (Cambridge 1933), S. 16.

125 Zitiert bei Harding, a.a.O., S. 11.

126 Zitiert bei Harding, a.a.O., S. 12.

127 Vgl. S. Maffei, *Nuova invenzione d'un gravicembalo col piano, e forte, aggiunte alcune considerazioni sopra gl'istrumenti musicali*. In: *Giornale dei Letterati d'Italia*, Jg. V (Venezia 1711), S. 144.

128 Vgl. Harding, a.a.O., S. 73.

129 Vgl. Michel Brenet, *Les Concerts en France* etc., S. 292.

130 Vgl. Ernest Closson, *Pascal Taskin*. In: *Sammelbände der IMG*, Jg. XII (1910–11), S. 254.

131 Vgl. Ch. Sanford Terry, *John Christian Bach* (London 1929, [2]1967), S. 113.

132 H. B. Wheatly and P. Cunningham, *London past and present* (London 1891), Bd. III, S. 370.

133 Vgl. Donald H. Boalch, *Makers of the Harpsichord and Clavi-chord 1440 to 1840* (London 1956), S. 134 Anm. 2.

134 Zitiert bei Eva Hertz, a.a.O., S. 27.

135 Vgl. *l'Avant-Coureur*, 2. März 1772, S. 132.

136 Vgl. a.a.O., 2. November 1772, S. 692.

137 Zitiert bei Charles Bouvet, *Une dynastie de musiciens fran-çais: Les Couperin* (Paris 1919), S. 294.

138 Vgl. Curt Sachs, *Zur Frage des Clavecin à peau de Buffle*. In: *Sammelbände der IMG*, Jg. XII (1910–11), S. 589.

139 Vgl. *Journal de Musique, historique, théorique et pratique*, Jg. IV (Januar – April 1771), S. 324.

140 Vgl. *Musikalischer Almanach [...] 1778*, S. 371.

141 Vgl. De La Borde, *Essai sur la musique*, etc., Bd. I, S. 346.

142 Vgl. *Journal de Musique par une société d'amateurs*, Jg. I (1773) Nr. 5, S. 10ff.

143 Vgl. *Encyclopédie Méthodique, Musique*. Herausgegeben von Etienne Framery und Pierre-Louis Ginguené, Bd. I (Paris 1791), S. 287. – Es handelt sich hier um eine erweiterte Neuausgabe von Rousseau's *Dictionnaire de la Musique* (Paris 1768); der Artikel „Clavecin" ist von Nicolaus-Joseph Hüllmandel ver-faßt worden.

144 Vgl. Paul Kast, *Domenico Mazzocchi*. In: *MGG*, Bd. VIII (Kassel etc. 1960), Sp. 1862–1866.

145 Vgl. Marc Pincherle, *Antonio Vivaldi et la musique instru-mentale* (Paris 1948), Bd. I, S. 140.

146 Vgl. Walter Kolneder, *Aufführungspraxis bei Vivaldi* (Leipzig 1955), S. 25.

147 *PRINCIPES DU VIOLON / POUR APPRENDRE LE DOIGTÉ DE CET INSTRUMENT, / Et les différends Agréments dont il est susceptible / DÉDIÉS / A Monsieur Le Marquis / DE RODOUAN DE DAMARTIN / Par /M.^{R} L'ABBÉ LE FILS / Ordinaire de l'Acàdémie Royale de Musique /* [...] */ A PARIS / Chez DES LAURIERS /.* – Faksimile-Nachdruck hrsg. von Aristide Wirsta (Paris 1961).

148 Vgl. Lothar Hoffmann-Erbrecht, *Sturm und Drang in der deutschen Klaviermusik von 1753–1763*. In: *Die Musikforschung*, Jg. X (1957), S. 469.

149 In *De Klaviersonate met vioolbegeleiding* und in späteren Veröffentlichungen habe ich diese Ausgabe mit „um 1750" entschieden zu früh datiert. Wenn wir in Erwägung ziehen, daß diese *Pièces de Clavecin* Op. I laut Titelblatt „gravées par Mme Leclair" (Ehefrau des berühmten Komponisten Jean-Marie Leclair) sind, Simons Opus II *(Quatre Sonates et Deux Concertos pour le Clavecin)* dagegen „par Mme la Vve Leclair", und dabei bedenken, daß Leclair im Oktober 1764 gestorben ist (er wurde bekanntlich ermordet), dann ist eine Datierung „um 1760" wahrscheinlicher, auch aus stilistischen Gründen, da die ausgiebige Anwendung von Alberti-Bässen in diesen *Pièces de Clavecin* eine frühere Entstehungszeit unwahrscheinlich macht. Damit entfernt sich dieses Opus I zeitlich weit von den *Six Simphonies*, die 1748 ebenfalls als „Œuvre Ier" in Paris erschienen sind – vgl. Barry S. Brook, a.a.O., Bd. II S. 659–661 –, und die mich 1939 veranlaßten, die *Pièces de Clavecin* „um 1750" zu datieren. Ich habe jetzt den Eindruck, daß die Zuschreibung dieser Symphonien an Simon Simon in *RISM* (A/I/8/ S 3476) zumindest dubios ist.

150 Vgl. Heinrich Besseler, *Bach als Wegbereiter*. In: *Archiv für Musikwissenschaft*, Jg. XII (1955), S. 25.

151 *PIECES / DE / CLAVECIN / Dans tous les Genres / Avec et sans Accompagnement de Violon / DÉDIÉES / A MADAME / LA MARQUISE DE LA MÉZANGÈRE / PAR M. S. SIMON / Maître de Clavecin. /* [...] *Œuvre Iere /* – *Avertissement.* / Vgl. RISM A/I/8 S 3477.

152 Faksimile-Nachdruck mit dem Titel: *Twelve Piano-Forte Sonatas of L. Giustini di Pistoja*, hrsg. von Rosamond E.M. Harding (Cambridge 1933).

153 Neuausgabe von Rudolf Steglich in *Nagels Musik-Archiv* Nr. 6 und 15 (Hannover 1927 und 1928).

154 Neuausgabe von Rudolf Steglich in *Nagels Musik-Archiv* Nr. 21 und 22 (Hannover 1932 und 1935).

155 Neuausgabe von Lothar Hoffmann-Erbrecht im *Mitteldeutschen Musikarchiv*, Reihe I Nr. 7 (Leipzig 1954).

156 Vgl. Johann Joachim Quantz, *Versuch einer Anweisung die flute traversière zu spielen* (Berlin 1752), S. 228–229. – Faksimile-Nachdruck der 3. (unveränderten) Auflage hrsg. von Hans-Peter Schmitz in den *Documenta Musicologica* (Kassel etc. 1953).

157 Vgl. Quantz, a.a.O., S. 231.

158 Vgl. Hoffmann-Erbrecht, *Sturm und Drang* etc., S. 472.

159 Vgl. *RISM* A/I/1 B 732. – Neuausgabe von Alan Curtis in der Reihe *Le Pupitre* (Paris 1973).

160 Vgl. Maurice Couchie, *Thematic Index of the Works of François Couperin* (Monaco 1949), S. 102.

161 Vgl. *Mercure de France*, Februar 1749, S. 154.

162 Vgl. a.a.O., Dezember 1749, S. 171.

163 Vgl. Jean-Jacques Rousseau, *Dictionnaire de Musique* (Paris 1768), S. 523.

164 Vgl. Rousseau, a.a.O., S. 524.

165 Vgl. Rousseau, a.a.O., S. 524–525.

166 Vgl. Sébastien de Brossard, *Dictionnaire de Musique* (Paris 1703), S. 140.

167 Vgl. *RISM* A/I/7 S 376.

168 Sonate Nr. 2, Andante; Sonate Nr. 4, Andante (mit *zwei* Cadenzen!). Vgl. Lionel de La Laurencie, *l'Ecole française de Violon* etc., Bd. II, S. 232.

169 Vgl. Jean-Baptiste Cartier, *l'Art du Violon ou Collection choisie dans les Sonates des Ecoles italienne, françoise et allemande, précédée d'un abrégé des principes pour cet instrument* (Paris ²1798), S. 35ff.

170 Vgl. C. H. Bitter, *Carl Philipp Emanuel und Wilhelm Friedemann Bach und deren Brüder* (Berlin 1868), Bd. I, S. 341.

171 Vgl. Bitter, a.a.O., S. 343.

172 Vgl. Hans Th. David, *Johann Schobert* etc., S. 3 Anm. 13. – Diese Handschrift (Mus.ms. 5530/1) befindet sich jetzt in der Musikabteilung der Staatsbibliothek Preußischer Kulturbesitz in Berlin. Auch gibt es daselbst eine Abschrift (Mus.ms. 5530) der von Hartknoch in Riga gedruckten Ausgabe mit dem Vermerk: „Del Sig.ʳᵉ Giov. Eckart (Joh. Gottfr. 1730 † 1795, à Paris)".

173 Vgl. De La Laurencie, a.a.O., Bd. I, S. 166–167.

174 Vgl. Bauer-Deutsch, Bd. I, S. 126.

175 Vgl. *Mercure de France*, Juni 1760, S. 237.

176 Vgl. Bauer-Deutsch, Bd. I, S. 513.

177 Vgl. William Bingley, *Musical Biography* (London 1834), Bd. II, S. 341. – Faksimile-Nachdruck in den *Da Capo Press Music Reprint Series* (New York 1971).

178 Vgl. Hans Th. David, a.a.O., S. 5.

179 Vgl. T. de Wyzewa et G. de Saint-Foix, *W.-A. Mozart. Sa Vie musicale et son Œuvre de l'Enfance à la pleine Maturité*, Bd. I (Paris 1912, ²1936) S. 42.

180 Vgl. a.a.O.
181 Vgl. Albert Dunning, *Pietro Antonio Locatelli. Der Virtuose und seine Welt* (Buren [NL] 1981), Bd. II,S. 38 und 42.
182 Vgl. A. Craig Bell, *Handel – Chronological Thematic Catalogue* (Darley 1972), Nr. 161 (S. 369).
183 Vgl. Wilhelm Wörmann, *Die Klaviersonate Domenico Albertis*. In: *Acta Musicologica*, Jg. XXVII (1955), Thematisches Verzeichnis (S. 97–98), Nr. XIII 1, IX 1 und IX 2.
184 Vgl. Bauer-Deutsch, Bd. I, S. 126.
185 Vgl. Wolfgang Plath, *Leopold Mozarts Notenbuch für Wolfgang (1762) eine Fälschung?* In: *Mozart-Jahrbuch* 1971–72 (Salzburg 1973), S. 337–341.
186 Vgl. De La Laurencie, a.a.O., Bd. II, S. 235.
187 Vgl. die Rezension von Lothar Hoffmann-Erbrecht in *Die Musikforschung*, Jg. X (1957), S. 333–334.
188 Vgl. Lothar Hoffmann-Erbrecht, *Sturm und Drang*, etc., S. 467 Anm. 10.
189 Vgl. Elisabeth Lebeau, *Une succursale officieuse de Johann Anton André à Paris, de 1802 à 1806*. In: *Bericht über den Internationalen Musikwissenschaftlichen Kongreß Wien Mozartjahr 1956* (Graz–Köln 1958), S. 324–327.
190 Vgl. a.a.O., S. 327.
191 Vgl. Gerber, *Neues* [...] *Lexikon* etc. Bd. I, Sp. 17.
192 Vgl. Bauer-Deutsch, Bd. I, S. 216.
193 Vgl. D. F. Scheurleer, *Het muziekleven in Nederland in de tweede helft der 18e eeuw in verband met Mozart's verblijf aldaar* (Den Haag 1909), S. 155.
194 Vgl. a.a.O., Anm. 1.
195 Vgl. *Wöchentliche Nachrichten* etc., Jg. II (Leipzig 1768), S. 317–318.
196 Vgl. Monique De Smet, *La Musique à la Cour de Guillaume V, Prince d'Orange (1748–1806)* (Utrecht 1973), S. 81.

QUELLEN UND LITERATUR

l'Abbé le Fils, *Principes du Violon* (Paris 1761). – Faksimile-Nach-druck hrsg. von Aristide Wirsta (Paris 1961).

Adler (G.), [*Vorläufer der Wiener Klassiker.*] Vorwort in dem Band *Wiener Instrumentalmusik vor und um 1750*, hrsg. von Karl Hor-witz und Karl Reidel. In: *Denkmäler der Tonkunst in Österreich*, Jg. XV, 2. Teil (Wien 1908), S. IX–XIII.

Ancelet, *Observations sur la musique, les musiciens et les instru-mens* (Amsterdam 1757).

Angermüller (R.), *W. A. Mozarts musikalische Umwelt in Paris (1778). Eine Dokumentation* (München–Salzburg 1982).

Apel (W.), Artikel *Expression Marks*. In: *Harvard Dictionary of Mu-sic* (Cambridge Mass. 1969), S. 303.

Auerbach (Cornelia), *Die deutsche Clavichordkunst des 18. Jahr-hunderts* (Kassel 1930).

Bach (C. Ph. E.), *Versuch über die wahre Art das Clavier zu spielen* (Berlin 1753 und 1762). – Faksimile-Nachdruck hrsg. von Lothar Hoffmann-Erbrecht (Leipzig 1957).

Barford (Ph.), *The Keybord Music of C. P. E. Bach considered in rela-tion to his musical aesthetic and the rise of the sonata principle* (London 1965).

Bauer (W.) und Deutsch (O. E.), *Mozart – Briefe und Aufzeichnun-gen. Gesamtausgabe* (Kassel 1962 ff).

Beckmann (Gisela), *Die französische Violinsonate mit Basso conti-nuo von Jean-Marie Leclair bis Pierre Gaviniès* (Hamburg 1975).

Besseler (H.), *Bach als Wegbereiter*. In: *Archiv für Musikwissen-schaft*, Jg. XII (1955), S. 1–39.

Beuermann (E. H.), *Die Reprisensonaten Carl Philipp Emanuel Bachs*. In: *Archiv für Musikwissenschaft*, Jg. XIII (1956), S. 168–179.

Bingley, (W.), *Musical Biography* (London [2]1834). – Faksimile-Nach-druck in *Da Capo Press Music Reprint Series* (New York 1971).

Bitter (C. H.), *Carl Philipp Emanuel und Wilhelm Friedemann Bach und deren Brüder* (Berlin 1868).

Boalch (D. H.), *Makers of the Harpsichord and Clavichord 1440 to 1840 (London 1956).*

Boehn (Max von), *Miniaturen und Silhouetten* (München 1917).

Bonfils (J.) und Durand (H. A.), Artikel *Legrand*. In: *MGG*, Bd. VIII (1960), Sp. 474–475.

Borrel (E.), Artikel *Exaudet*. In: *MGG*, Bd. III (1954), Sp. 1648–1651.

– *l'Interprétation de la Musique française (de Lully à la Révolu-tion)* (Paris 1934).

149

Borren (Ch. van den), *Contribution au catalogue thématique des Sonates de Galuppi*. In: *Rivista Musicale Italiana*, Jg. XXX (1923), S. 365–370.

Bouvet (Ch.), *Une dynastie de musiciens français: Les Couperin* (Paris 1919).

Boyden (D. D.), *Dynamics in Seventeenth- and Eighteenth-Century Music*. In: *Essays on Music in honor of Archibald Thompson Davison* (Cambridge Mass. 1957), S. 185–193.

Brenet (M.), *Les Concerts en France sous l'Ancien Régime* (Paris 1900).

– *Les débuts de l'abonnement de musique*. In: *Le Mercure Musical*, Jg. II (1906), S. 256–273.

– *La librairie musicale en France de 1653 à 1790, d'après les registres de privilèges*. In: *Sammelbände der IMG*, Jg. VIII (1906–07), S. 401–466.

– *Sur l'origine du crescendo*. In: *Revue musicale S. I. M.*, Jg. 1909–10, S. 564–570.

Brevan (B.), *Les changements de la vie musicale parisienne de 1774 à 1799* (Paris 1980).

Brook (Barry S.), *La Symphonie française dans la seconde moitié du XVIIIe siècle* (Paris 1962).

Brossard (S. de), *Dictionnaire de Musique* (Paris 1703).

Brunner (H.), *Das Klavierklangideal Mozarts und die Klaviere seiner Zeit* (Augsburg-Brünn 1933).

Bücken (E.), *Die Musik des Rokoko und der Klassik* (Potsdam 1931).

Budday (W.), *Grundlagen musikalischer Formen der Wiener Klassik. An Hand der zeitgenössischen Theorie von Joseph Riepel und Heinrich Christoph Koch dargestellt an Menuetten und Sonatensätzen (1750–1790)* (Kassel 1983).

Burney (Ch.), *The Present State of Music in France and Italy* (London 1771, ²1773). – Neuausgabe von Percy A. Scholes unter dem Titel: *An Eighteenth-Century Musical Tour in France and Italy* (London 1959).

– *A General History of Music from the Earliest Ages to the Present Period*, Bd. I (London 1776, ²1789).

Canave (P. C. G.), *A Re-Evaluation of the Role Played by Carl Philipp Emmanuel Bach in the Development of the Clavier Sonata* (Washington D. C. 1956).

Carroll (Ch. M.), Artikel *Bagge*. In: *MGG*, Bd. XV (Supplement, 1973), Sp. 409–410.

Cauchie (M.), *Thematic Index of the Works of François Couperin* (Monaco 1949).

Champigneulle (B.), *l'Age classique de la musique française* (Paris 1946).

Châteauneuf (l'Abbé de), *Dialogue sur la musique des Anciens* (Paris 1725).

Choron (A.) et Fayolle (F.), *Dictionnaire historique des musiciens*,

150

artistes et amateurs, morts ou vivans (Paris 1810–11).

Closson (E.), *Pascal Taskin.* In: *Sammelbände der IMG,* Jg. XII (1910–11), S. 234–267.

Cucuel (G.), *La Pouplinière et la musique de chambre au XVIIIe siècle* (Paris 1913).

– *Quelques documents sur la librairie musicale au XVIIIe siècle.* In: *Sammelbände der IMG,* Jg. XIII (1911–12), S. 385–392.

– *Le Baron de Bagge et son temps.* In: *l'Année musicale 1911* (Paris 1912), S. 145–186.

– *Notes sur quelques musiciens, luthiers, éditeurs et graveurs de musique au XVIIIe siècle.* In: *Sammelbände der IMG,* Jg. XIV (1912–13), S. 243–252.

Daval (P.), *La Musique en France du XVIIIe siècle* (Paris 1961).

David (H. Th.), *Johann Schobert als Sonatenkomponist* (Kassel 1928).

De Smet (Monique), *La Musique à la Cour de Guillaume V, Prince d'Orange (1748–1806)* (Utrecht 1973).

Deutsch (O. E.), *Mozart – Die Dokumente seines Lebens* (Kassel 1961).

– *Musikverlags Nummern. Eine Auswahl von 40 datierten Listen 1700–1900* (Berlin 1961).

Donington (R.), *The Interpretation of Early Music* (London 1963).

Dunning (A.), *De muziekuitgever Gerhard Frederik Witvogel en zijn fonds* (Utrecht 1966).

– *Pietro Antonio Locatelli. Der Virtuose und seine Welt* (Buren [NL] 1982).

Eggebrecht (H. H.), *Das Ausdrucksprinzip im musikalischen Sturm und Drang.* In: *Deutsche Vierteljahresschrift für Literaturwissenschaft und Geisteswissenschaft,* Jg. XXIX (1955), S. 323–349.

– Artikel *Crescendo.* In: *Riemann-Musik-Lexikon.* Sachteil (Mainz 1967), S. 191–192.

Eimert (H.), *Musikalische Formstrukturen im 17. und 18. Jahrhundert* (Augsburg 1932).

Eitner (R.), *Biographisch-Bibliographisches Quellen-Lexikon der Musiker und Musikgelehrten* (Leipzig 1899–1904).

– *Buch- und Musikalien-Händler, Buch- und Musikalien-Drucker nebst Notenstecher, nur die Musik betreffend* (Leipzig 1904).

Ellis (S. M.), *The Life of Michael Kelly, Musician, Actor and Bon Viveur* (London 1930).

Escal (Françoise), *Les concertos-pastiches de Mozart ou la citation comme procès d'appropriation des discours.* In: *Intern. Review of the Aesthetics and Sociology of Music,* Bd. XII (Nr. 2 (1981), S. 117–139.

Favre (G.), *La Musique française de Piano avant 1830* (Paris 1953).

Fétis (F.-J.), *Biographie universelle des musiciens et bibliographie générale de la musique* (Bruxelles 1835–44, [2]1860–65, [3]1873–80).

Fischer (W.), *Zur Entwicklungsgeschichte des Wiener klassischen*

Stils. In: *Studien zur Musikwissenschaft*, Heft 3 (1915), S. 201–284.

– *Instrumentalmusik von 1600–1750.* In: *Handbuch der Musikgeschichte*, hrsg. von Guido Adler (Berlin ²1930), Bd. I S. 540–573.

– *Instrumentalmusik von 1750–1828.* A.a.O. Bd. II S. 795–833.

Forkel (J. N.), *Musikalisch-kritische Bibliothek* (Gotha 1778–79).

Framery (E.) et Ginguené (P.-L.), *Encyclopédie Méthodique. Musique*, Bd. I (Paris 1791).

Fuller (D.), Artikel *Legrand.* In: *The New Grove* (London 1980), Bd. X, S. 613–614.

Gaudefroy-Demombynes (J.), *Les jugements allemands sur la musique française au XVIIIe siècle* (Paris 1941).

Gerber (E. L.), *Historisch-Biographisches Lexicon der Tonkünstler*, etc. (Leipzig 1790–92). – Faksimile-Nachdruck hrsg. von Othmar Wessely (Graz 1977).

– *Neues historisch-biographisches Lexikon der Tonkünstler*, etc. (Leipzig 1812–14). – Faksimile-Nachdruck hrsg. von Othmar Wessely (Graz 1966).

Gerstenberg (W.), *Die Klavierkompositionen Domenico Scarlattis* (Regensburg 1933).

– Artikel *Dynamik. (Historisch).* In: *MGG*, Bd. III (1954), Sp. 1026–1035.

Gossec (F.), *Note concernant l'introduction des cors dans les orchestres.* In: *Revue Musicale*, Bd. V (1829), S. 217–233.

Grand-Carteret (J.), *Les titres illustrés et l'image au service de la musique* (Turin 1904).

Gradenwitz (P.), *Johann Stamitz. I. Das Leben* (Brünn 1936).

Grimm c.s. (F. M.), *Correspondance littéraire, philosophique et critique*, hrsg. von M. Tourneux (Paris 1877–82).

Häfner (R.), *Die Entwicklung der Spieltechnik und der Schul- und Lehrwerke für Klavierinstrumente* (München 1937).

Harding (Rosamond E. M.), *The Pianoforte. Its history traced to the Great Exhibition of 1851* (Cambridge 1933).

Hauswald (G.), *Der Divertimento-Begriff bei Georg Christoph Wagenseil.* In: *Archiv für Musikwissenschaft*, Jg. IX (1952), S. 45–50.

Hertz (Eva), *Johann Andreas Stein (1728–1792). Ein Beitrag zur Geschichte des Klavierbaues* (Wolfenbüttel 1937).

Heuss (A.), *Über die Dynamik der Mannheimer Schule.* In: *Riemann-Festschrift* (Leipzig 1909), S. 433–455.

Hillemann (W.), *Bibliographie der frühen vierhändigen Klaviermusik bis 1791.* In: *Zeitschrift für Hausmusik*, Jg. V. (1936), S. 33–35.

Hoffmann-Erbrecht (L.), *Deutsche und italienische Klaviermusik der Bachzeit* (Leipzig 1954).

– *Der Nürnberger Musikverleger Haffner.* In: *Acta Musicologica*, Bd. XXIV (1954), S. 114–126.

– *Sturm und Drang in der deutschen Klaviermusik 1753–1763.* In: *Die Musikforschung*, Jg. X (1957), S. 466–479.

Hopkinson (C.), *A Dictionary of Parisian Music Publishers 1700–1950* (London 1954).

Hunkemöller (J.), *W. A. Mozarts frühe Sonaten für Violine und Klavier. Untersuchungen zur Gattungsgeschichte im 18. Jahrhundert* (Bern. München 1970).

Jèze (de), *Etat ou Tableau de la Ville de Paris.* Nouvelle Edition (Paris 1765).

Johansson (Cari), *French Music Publisher's Catalogues of the Second Half of the Eighteenth Century* (Stockholm 1955).

Junker (C. L.), *Zwanzig Componisten* (Bern 1776).

Kade (O.), *Der musikalische Nachlaß weiland Ihrer Königlichen Hoheit der verwitweten Frau Erzgroßherzogin Augusta von Mecklenburg-Schwerin* etc. (Wismar 1899).

Kamiensky (L.), *Mannheim und Italien.* In: *Sammelbände der IMG,* Jg. X (1908–09), S. 307–317.

Kast (P.), Artikel *Mazzocchi.* In: *MGG,* Bd. VIII (1960), Sp. 1862–1866.

Keillor (Frances E.), *Leontzi Honauer (1737 – ca. 1790) and the Development of Solo and Ensemble Keybord Music* (Diss. Univ. of Toronto, 1976).

Keller (H.), *Domenico Scarlatti* (Leipzig 1957).

King (A. Hyatt), *Mozart in Retrospect. Studies in criticism and bibliography* (London 1955).

Kinsky (G.), *Die Originalausgaben der Werke Johann Sebastian Bachs* (Wien – Leipzig – Zürich 1937).

Kirkpatrick (R.), *Domenico Scarlatti* (New York 1953). – Erweiterte Erstausgabe in deutscher Sprache, übertragen von Horst Leuchtmann (München 1972).

Klessmann (E.), *Telemann in Hamburg* (Hamburg 1980), S. 82–90.

Kolneder (W.), *Aufführungspraxis bei Vivaldi* (Leipzig 1955), S. 22–25.

Kretzschmar (H.), *Die Correspondance littéraire als musikgeschichtliche Quelle.* In: *Jahrbuch Peters 1903* (Leipzig 1904), S. 79–92.

La Borde (J.-B. de), *Essai sur la Musique ancienne et moderne* (Paris 1780).

La Dixmerie (de), *Les deux ages du goût et du génie français, sous Louis XIV & sous Louis XV* (La Haye 1769).

La Laurencie (L. de), *La Musique française de Lulli à Gluck.* In: *Encyclopédie de la Musique et Dictionnaire du Conservatoire,* hrsg. von Albert Lavignac, I. Teil Bd. III.(Paris 1914, ²1931), S. 1362–1562.

– *l'Ecole française de Violon de Lully à Viotti* (Paris 1922–24).

– *La Sonate de Clavecin et Violon en France.* In: *Le Courrier Musical,* Jg. XXV Nr. 7 (1. April 1923), S. 119–120.

– *l'Apparition des œuvres d'Haydn à Paris.* In: *Revue de Musicologie,* Jg. XIII (1932), S. 191–205.

Lange (M.), *Beiträge zur Entstehung der südwestdeutschen Klaviersonate im 18. Jahrhundert* (Gießen 1930).

Larsen (J. P.), *Der musikalische Stilwandel um 1750 im Spiegel der zeitgenössischen Pariser Verlagskataloge*. In: *Musik und Verlag. Festschrift Karl Vötterle* (Kassel 1968), S. 410–423.

Lebeau (Elisabeth), *Une succursale officieuse de Johann Anton André à Paris, de 1802 à 1806*. In: *Bericht über den Internationalen Musikwissenschaftlichen Kongreß Wien Mozartjahr 1956* (Graz–Köln 1958), S. 324–327.

Le Blanc (H.), *Défense de la Basse de Viole contre les Entreprises du Violon et les Prétentions du Violoncel* (Amsterdam 1740).

Lecerf de la Viéville (J.-G.), *Comparaison de la musique italienne et de la musique françoise* (Bruxelles 1704, ^{2}1705–06).

Lerma (D. R. de), *Wolfgang Amadeus Mozart. The Works and Influences of the first ten Years* (Diss. Univ. of Indiana, 1958).

Maffei (S.), *Nuova invenzione d'un gravicembalo col piano, e forte, aggiunte considerazioni sopra gl'istrumenti musicali*. In: *Giornale dei Letterati d'Italia*, Jg. V (Venezia 1711), S. 144.

Maisoncelle (de), *Réponse aux observations [d'Ancelet] sur la musique, les musiciens, et les instrumens* (Avignon 1758).

Marpurg (F.), *Historisch-Kritische Beyträge zur Aufnahme der Musik* (Berlin 1754–62).

Martin (H. E. R.), *Miniaturen des Rokoko, Empire und Biedermeier* (München 1981).

Mattheson (J.), *Critica Musica* (Hamburg 1722–25).

Meer (J. H. van der), *Die klangfarbliche Identität der Klavierwerke Carl Philipp Emanuel Bachs* (Amsterdam 1978).

Mercier (L.-S.), *Tableau de Paris* (London 1781). Nouvelle Edition (Amsterdam 1782).

Méreaux (A.), *Les Clavecinistes de 1637 à 1790* (Paris 1867).

Michelitsch (Helga), *Das Klavierwerk von Georg Christoph Wagenseil. Thematischer Katalog* (Wien 1966).

– *Das Orchester- und Kammermusikwerk von Georg Christoph Wagenseil. Thematischer Katalog* (Wien 1972).

Michelitsch (Helga Scholz-), *Georg Christoph Wagenseil* (Wien 1980).

Morambert (l'Abbé), *Sentiment d'un harmoniphile sur différens ouvrages de musique* (Amsterdam 1756).

Mozart (L.), *Gründliche Violinschule* (Augsburg 1756, ^{3}1789. – Faksimile-Nachdruck hrsg. von Hans Rudolf Jung (Leipzig 1968).

Newman (W. S.), *The Origins and First Use of the Word Sonata*. In: *The Journal of Musicology*, Jg. V. (1947), S. 31–39.

– *The Sonata in the Classic Era* (Chapel Hill 1963), S. 604ff.

Oberdörffer (F.), *Der Generalbaß in der Instrumentalmusik des ausgehenden 18. Jahrhunderts* (Kassel 1939).

Pincherle (M.), *Antonio Vivaldi et la musique instrumentale* (Paris 1948), S. 140–141.

– *J.-M. Leclair, La Vie – l'Oeuvre – Discographie* (Paris 1952).

Plath (W.), *Leopold Mozarts Notenbuch für Wolfgang (1762) eine Fälschung?* In: *Mozart-Jahrbuch 1971–72* (Salzburg 1973), S. 337–341.

Prod'homme (J.-G.), *La musique à Paris de 1753 à 1757, d'après un manuscrit de la Bibliothèque de Munich.* In: *Sammelbände der IMG*, Jg. VI (1904–05), S. 568–587.

Quantz (J. J.), *Versuch einer Anweisung die flute traversière zu spielen* (Berlin 1752, Breslau ³1789). – Faksimile-Nachdruck hrsg. von Hans-Peter Schmitz (Kassel 1953).

Raabe (F.), *Galuppi als Instrumentalkomponist* (Frankfurt a/Oder 1929).

Reeser (E.), *De klaviersonate met vioolbegeleiding in het Parijsche muziekleven ten tijde van Mozart* (Rotterdam 1939).

– *De muziektitels van Charles Echard.* In: *Halcyon*, Nr. 11–12 (Den Haag 1942).

– *Johann Gottfried Eckard.* In: *Tijdschrift voor Muziekwetenschap*, Bd. XVII Nr. 2 (1949), S. 89–127.

– Artikel *Eckard.* In: *MGG*, Bd. III (1954), Sp. 1086–1090.

– *De muzikale nalatenschap van Johann Gottfried Eckard.* In: *Festschrift Anthony van Hoboken* (Mainz 1962), S. 122–130.

– *Der junge Mozart und der ›Alberti-Baß‹.* In: *Festschrift Erich Valentin* (Regensburg 1976), S. 195–203.

Rehm (W.), *Kritischer Bericht* zur Ausgabe der Werke für Klavier zu vier Händen von W. A. Mozart (NMA, Serie IX, 24 Abt. 2., Kassel 1957).

Reichardt (J. F.), *Vertraute Briefe aus Paris geschrieben* (Hamburg 1804).

Répertoire International des Sources Musicales (RISM). Serie A I: *Einzeldrucke vor 1800,* hrsg. von Karlheinz Schlager (Kassel 1971 ff); Serie B II: *Recueils Imprimés XVIIIe Siècle,* hrsg. von François Lesure (München–Duisburg 1964).

Riemann (H.), *Die Mannheimer Schule.* In: *Denkmäler deutscher Tonkunst,* 2. Folge, Jg. III Bd. I (Leipzig 1902), S. IX–LIV.

– *Der Stil und die Manieren der Mannheimer.* In: *Denkmäler deutscher Tonkunst,* 2. Folge, Jg. VII Bd. II (Leipzig 1906), S. XV–XXVI.

– *Einleitung [Die Mannheimer und die Wiener Schule.].* In: *Denkmäler deutscher Tonkunst,* 2. Folge, Jg. VIII Bd. II (Leipzig 1907), S. VII–XIV.

– *Johann Schobert.* In: *Denkmäler deutscher Tonkunst,* 1. Folge Bd. XXXIX (Leipzig 1909), S. V–XVI.

– *Mannheimer Kammermusik des 18. Jahrhunderts.* In: *Denkmäler deutscher Tonkunst,* 2. Folge, Jg. XV (Leipzig 1914), S.IX–XXIII.

Ritzel (F.), *Die Entwicklung der „Sonatenform" im musiktheoretischen Schrifttum des 18. und 19. Jahrhunderts* (Wiesbaden 1968).

Rousseau (J. J.), *Dictionnaire de Musique* (Paris 1768).

Rummenhöller (P.), *Die musikalische Vorklassik* (München – Kassel 1983).

Russel (R.), *The Harpsichord and Clavichord. An Introductory Study* (London 1959).

Sachs (Curt), *Zur Frage des Clavecin à peau de Buffle*. In: *Sammelbände der IMG*, Jg. XII (1910–11), S. 589.

– *Real-Lexikon der Musikinstrumente* (Berlin 1914). – Neuausgabe von Emanuel Winternitz (New York 1969).

Saint-Foix (G. de), *Une Sonate inconnue de Mozart* [KV 19d]. In: *La Revue Musicale*, Jg. II (1920–21), S. 40.

– *Les premiers pianistes parisiens. I Jean Schobert*. In: *La Revue Musicale*, Jg. III (1921–1922), S. 121–136.

– *Le symphoniste Franz Beck et le pianoforte*. In: *Revue de Musicologie*, Jg. XIII (1932), S. 24–28.

Schenk (E.), *Giuseppe Antonio Paganelli* (Salzburg 1928).

Scheurleer (D. E.), *Het muziekleven in Nederland in de tweede helft der 18e eeuw in verband met Mozart's verblijf aldaar* (Den Haag 1909).

Schmid (E. F.), *C. Ph. Em. Bach und seine Kammermusik* (Kassel 1931).

– *l'Héritage souabe de Mozart*. In: *Influences étrangères dans l'œuvre de W. A. Mozart, Paris 10–13 octobre 1956*, hrsg. von André Verchaley (Paris 1958), S. 59–84.

Schmitz (H.-P.), *Die Kunst der Verzierung im 18. Jahrhundert. Instrumentale und vokale Musizierpraxis in Beispielen* (Kassel 1955).

Schökel (H. P.), *Johann Christian Bach und die Instrumentalmusik seiner Zeit* (Wolfenbüttel 1926).

Scholes (Percy A.), *The Great Dr. Burney. His Life, his Travels, his Works, his Family and his Friends* (London 1948).

Schubart (Chr. F. D.), *Ideen zu einer Ästhetik der Tonkunst* (Wien 1806).

Servières (G.), *Documents inédits sur les organistes français des XVIIe et XVIIIe siècles*. In: *Tribune de Saint-Gervais*, Jg. XXIII (1921–22), S. 203–216, 273–278; Jg. XXIV (1922–23), S. 19–26.

Simon (E. J.), *Sonata into Concerto. A Study of Mozart's first seven Concerto's*. In: *Acta Musicologica*, Bd. XXXI (1959), S. 170–185.

Stetten d. J. (P. von), *Erläuterungen zur Geschichte der Reichs-Stadt Augsburg* (Augsburg 1765).

– *Kunst-Gewerb- und Handwerks-Geschichte der Reichs-Stadt Augsburg* (Augsburg 1779).

Stilz (E.), *Die Berliner Klaviersonate zur Zeit Friedrichs des Großen* (Saarbrücken 1930).

Stone (D.), *The Italian Sonata for Harpsichord and Pianoforte in the Eighteenth Century 1730–1790* (Diss. Harvard Univ., 1952).

Strauss (J.), *Ein vergessener Musiker, Konzertpianist und Porträtmaler*. In: *Vossische Zeitung*, Nr. 554 (9. Dezember 1933).

Studeny (B.), *Beiträge zur Geschichte der Violinsonate im 18. Jahrhundert* (München 1911).

Szabolcsi (B.), *Aufstieg der klassischen Musik von Vivaldi bis Mozart* (Wiesbaden 1970).

Terry (Ch. S.), *John Christian Bach* (London 1929, [2]1967).

Torrefranca (F.), *Per un Catalogo tematico delle Sonate per Cembalo di B. Galuppi detto il Buranello*. In: *Rivista Musicale Italiana*, Jg. XVI (1909), S. 872–881.

– *Le Sonate per Cembalo del Buranello*. In: *Rivista Musicale Italiana*, Jg. XVIII (1911), S. 276–307, 497–536; Jg. XIX, S. 108–139.

– *Le Origine Italiane del Romanticismo Musicale. I Primitivi della Sonata moderna* (Torino 1930).

Turrentine (H. Ch.), *Johann Schobert and French Clavier Music from 1700 to the Revolution* (Diss. Univ. of Iowa, 1962).

Tutenberg (F.), *Die Sinfonik Johann Christian Bachs. Ein Beitrag zur Entwicklungsgeschichte der Sinfonie von 1750–80* (Wolfenbüttel 1928).

Ulldall (H.), *Zur Frühgeschichte des Klavierkonzerts*. In: *Zeitschrift für Musikwissenschaft*, Jg. X (1927), S. 139–152.

Valentin (E.), *Augsburger Musik zwischen dem Dreißigjährigen Krieg und dem Ende der Reichsstadt*. In: *Musik in der Reichsstadt Augsburg*, hrsg. von Ludwig Wegele (Augsburg 1965), S. 103–162.

Visme (J. de), *Un favori des Dieux: Jean-Benjamin de La Borde (1734–1794)* (Paris 1935).

Walther (Joh. Gottfr.), *Musikalisches Lexikon oder Musikalische Bibliothek* (Leipzig 1732). – Faksimile-Nachdruck hrsg. von Richard Schaal (Kassel 1953).

Weckerlin (J.-B.), *Nouveau Musiciana* (Paris 1890).

Weitzmann (C. F.) und Seiffert (M.), *Geschichte der Klaviermusik*. I (Leipzig [3]1899).

Wheatly (H. B.) and Cunningham (P.), *London past and present* (London 1891).

Wörmann (W.), *Die Klaviersonate Domenico Albertis*. In: *Acta Musicologica*, Bd. XXVII (1955), S. 84–112.

Wolf (E. K.), *The Symphonies of Johann Stamitz. A Study in the Formation of the Classical Style* (Utrecht etc. 1981).

Wyler (R.), *Form- und Stiluntersuchungen zum ersten Satz der Klaviersonaten Carl Philipp Emanuel Bachs* (Biel [CH] 1960).

Wyzewa (T. de) et Saint-Foix (G. de), *Un maître inconnu de Mozart*. In: *Zeitschrift der IMG*, Jg. X (1908–09), S. 35–41.

– *Les premiers Concerts de Mozart*. In: *Zeitschrift der IMG*, Jg. X (1908–09), S. 139–140.

– *W.-A. Mozart. Sa Vie musicale et son Oeuvre de l'Enfance à la pleine Maturité (1756–1773)*, Bd. I (Paris 1912, [2]1936).

Zingerle (H.), *Zur Entwicklung der Melodik von Bach bis Mozart* (Baden 1936).

157

★

A Dictionary of Musicians, from the earliest ages to the present time. Comprising the most important contents of the works of Gerber, Choron and Fayolle, Count Orloff, dr. Burney, Sir John Hawkins etc. etc., together with upwards of a hundred original memoirs of the most Eminent Living Musicians; and a summary of the history of music (London 1824, ²1827).

Almanach historique du théâtre ou Calendrier historique et chronologique de tous les spectacles, Jg. 1751–54 (Paris 1750ff.)

Almanach musical, Jg. 1775–77 (Paris 1774ff).

Annonces, affiches et avis divers, Jg. 1751–80 (Paris 1751ff.)

l'Avant-Coureur, Jg. 1762–74 (Paris 1762ff.)

Calendrier musical universel, hrsg. von N.-E. Framery, Jg. 1788 und 1789 (Paris 1787ff.).

Journal de musique historique, théorique et pratique sur la musique ancienne & moderne, les musiciens & les instrumens de tous les tems & de tous les peuples, Jg. 1770–71 (Paris 1770ff).

Journal de musique par une société d'amateurs, Jg. 1773, 1774 und 1777 (Paris 1773ff).

Journal de Paris, Jg. 1781–84 (Paris 1781ff).

Mercure de France, Jg. 1725–89 (Paris 1725ff).

Musikalischer Almanach für Deutschland, Jg. 1782–84 und 1789 (Leipzig 1781ff).

Musikalischer Almanach (Musikalisches Handbuch) auf das Jahr 1782, hrsg. von Carl Ludwig Junker (Alethinopol [= Berlin] 1782).

Recueil de quelques écrits relatifs à un ouvrage périodique sur les arts libéraux, qui n'a point été publié (London 1776).

Tablettes de Renommée des Musiciens, Auteurs, Compositeurs, Virtuoses, Amateurs et Maîtres de musique vocale et instrumentale, les plus connus en chaque genre (Paris 1785).

Wöchentliche Nachrichten und Anmerkungen, die Musik betreffend, Jg. 1766–70 (Leipzig 1766ff).

VERZEICHNIS DER ABBILDUNGEN

NOTENBEISPIELE

1. S. Simon, Op. I Nr. 2, 3. Satz (Allegro), T. 29 – 35.

2. J. G. Eckard, Op. I Nr. 3, 3. Satz (Vivace), T. 50 – 57.

3. J. G. Eckard, Op. I Nr. 6, 3. Satz (Minuetto, Var. 5), T. 25 – 32.

163

4. J. G. Eckard, Op. II Nr. 1, 1. Satz (Allegro), T. 130 – 133.

5. J. G. Eckard, Op. I Nr. 1, 1. Satz (Cantabile), T. 41 – 44.

6. J. G. Eckard, Op. I Nr. 5 (Allegro), T. 80 – 82.

7. J. G. Eckard, Op. I Nr. 3, 2. Satz (Affettuoso), T. 47 – 53.

8. J. G. Eckard, Op. I Nr. 4 (Andantino), T. 20 – 23.

9. J. G. Eckard, Op. I Nr. 1, 2. Satz (Amoroso), T. 36 – 39.

10. J. G. Eckard, Op. I Nr. 4 (Andantino), T. 36 – 39.

11. D. Alberti, Op. I Nr. 6, 1. Satz, T. 1 – 4.

12. D. Alberti, Op. I Nr. 6, 2. Satz (Allegro), T. 26 – 41.

13. J. G. Eckard, Op. I Nr. 1, 3. Satz, T. 1 – 6.

14. J. G. Eckard, Op. I Nr. 1, 3. Satz, T. 7 – 10.

15. J. G. Eckard, Op. I Nr. 1, 3. Satz, T. 21 – 25.

16. J. G. Eckard, Op. I Nr. 1, 3. Satz, T. 36 – 39.

17. J. G. Eckard, Op. I Nr. 4, T. 1 – 3.

18. J. G. Eckard, Op. I Nr. 6, 1. Satz, T. 1 – 3.

19. J. G. Eckard, Op. I Nr. 1, 1. Satz (Cantabile), T. 18 – 20.

20. J. G. Eckard, Op. I Nr. 1, 1. Satz, T. 1 – 6.

21. J. G. Eckard, Op. I Nr. 1, 1. Satz, T. 25 – 26.

22. J. G. Eckard, Op. I Nr. 2, 1. Satz, T. 1 – 2.

23. J. G. Eckard, Op. I Nr. 2, 1. Satz, T. 23 – 24.

24. J. G. Eckard, Op. I Nr. 2, 3. Satz, T. 1 – 12.

25. J. G. Eckard, Op. I Nr. 2, 3. Satz, T. 37 – 43.

26. J. G. Eckard, Op. I Nr. 3, 1. Satz, T. 1 – 8.

27. J. G. Eckard, Op. I Nr. 5, T. 1 – 2.

28. J. G. Eckard, Op. I Nr. 5, T. 32 – 33.

29. J. G. Eckard, Op. II Nr. 1, 1. Satz, T. 1 – 5.

30. J. G. Eckard, Op. II Nr. 1, 1. Satz, T. 19 – 22.

31. J. G. Eckard, Op. II Nr. 2, 1. Satz, T. 1 – 4.

32. J. G. Eckard, Op. II Nr. 2, 1. Satz, T. 5 – 10.

33. J. G. Eckard, Op. II Nr. 2, 1. Satz, T. 11 – 12.

34. J. G. Eckard, Op. II Nr. 2, 1. Satz, T. 25 – 28.

35. J. G. Eckard, Op. II Nr. 2, 1. Satz, T. 29 – 34.

36. J. G. Eckard, Op. II Nr. 2, 1. Satz, T. 35 – 36.

37. J. G. Eckard, Op. I Nr. 2, 1. Satz (Allegro con Spirito), T. 52 – 57.

38. J. G. Eckard, Op. I Nr. 6, 1. Satz (Con Discretione), T. 31 – 32.

39. J. G. Eckard, Op. II Nr. 1, 1. Satz (Allegro), T. 67 – 75.

40. J. G. Eckard, Op. I Nr. 2, 3. Satz (Presto), T. 83 – 105.

41. J. G. Eckard, Op. I Nr. 1, 3. Satz (Allegro assai), T. 73 – 92.

42. J. G. Eckard, Op. II Nr. 1, 1. Satz (Allegro), T. 79 – 82.

43. J. G. Eckard, Op. II Nr. 2, 1. Satz (Andante), T. 54 – 60.

44. J. G. Eckard, Op. I Nr. 3, 1. Satz (Allegro Maestoso e Staccato),
    T. 61 – 64.

45. J. G. Eckard, Op. I Nr. 3, 1. Satz, T. 94 – 104.

46. J. G. Eckard, Op. I Nr. 3, 3. Satz (Vivace), T. 1 – 4.

47. J. G. Eckard, Op. I Nr. 3, 3. Satz, T. 10 – 20.

48. J. G. Eckard, Op. I Nr. 3, 3. Satz, T. 64 – 70.

49. T. Traetta, *Sofonisba*, 1. Akt Nr.10. Vgl. DdT., 2. Folge, Jg. XVII, S. 96 – 97.

50. J. G. Eckard, Op. I Nr. 3, 3. Satz, T. 44 – 49.

51. J. G. Eckard, Op. I Nr. 3, 3. Satz, T. 71 – 81.

52. J. G. Eckard, Op. I Nr. 3, 2. Satz, T. 1 – 6.

53. J. G. Eckard, Op. I Nr. 3, 2. Satz, T. 7 – 9.

54. J. G. Eckard, Op. I Nr. 3, 2. Satz, T. 13 – 19.

55. J. G. Eckard, Op. I Nr. 3, 2. Satz, T. 20 – 22.

56. J. G. Eckard, Op. II Nr. 1, 2. Satz, T. 1 – 6.

57. J. G. Eckard, Op. II Nr. 1, 2. Satz, T. 11 – 16.

58. J. G. Eckard, Op. II Nr. 1, 2. Satz, T. 16 – 18.

59. J. G. Eckard, Op. II Nr. 1, 2. Satz, T. 19 – 21.

60. J. G. Eckard, Op. I Nr. 4 (Andantino), T. 13 – 15.

61. J. G. Eckard, Op. I Nr. 4, T. 18 – 19.

62. J. G. Eckard, Op. I Nr. 6, 2. Satz, T. 1 – 12.

63. J. G. Eckard, Op. II Nr. 1, 3. Satz, T. 1 – 4, bzw. 17 – 20.

64. J. G. Eckard, Op. II Nr. 1, 3. Satz, T. 1 – 12.

65. J. G. Eckard, Op. II Nr. 2, 2. Satz, T. 1 – 12.

66. J. G. Eckard, Op. I Nr. 6, 2. Satz, Var. 1 – 6, jeweils T. 1 – 4.

67. J. G. Eckard, Op. I Nr. 6, 2. Satz, Var. 4, T. 25 – 30.

68. A.-J. Exaudet, Op. II Nr. 1, 3. Satz, T. 1 – 30.

69. J. G. Eckard, *Menuet d'Exaudet*, T. 1 – 44.

70. J. G. Eckard, *Menuet d'Exaudet*, Var. 1 – 6, jeweils T. 1 – 4.

71. J. Schobert, Op. XIV Nr. 3, 2. Satz, T. 1 – 4.

72. J. G. Eckard, Op. I Nr. 1, 2. Satz, T. 1 – 4.

73. J. Schobert, Op. XIV Nr. 3, 1. Satz (Allegro moderato), T. 75 – 85.

74. J. G. Eckard, Op. I Nr. 2, 2. Satz (Andante), T. 60 – 65.

75. J. G. Eckard, Op. II Nr. 2, 1. Satz (Andante), T. 68 – 72.

76. J. G. Eckard, Op. I Nr. 2, 3. Satz (Presto), T. 158 – 164.

77. W. A. Mozart, Op. I Nr. 1, 1. Satz (Allegro), T. 55 – 56.

78. J. G. Eckard, Op. I Nr. 1, 3. Satz (Allegro assai), T. 109 – 112.

79. W. A. Mozart, Op. I Nr. 2, 1. Satz (Allegro molto), T. 46 – 54.

80. J. G. Eckard (?), *Menuet d'Exaudet* [1. (?) Fassung], Thema mit
2 Var., jeweils T. 1 – 8.